本書をご購入・ご利用になる前に必ずお読みください

- 本書の内容は、執筆時点（2019年2月）の情報に基づいて制作されています。これ以降に製品、サービス、その他の情報の内容が変更されている可能性があります。また、ソフトウェアに関する記述も執筆時点の最新バージョンを基にしています。これ以降にソフトウェアがバージョンアップされ、本書の内容と異なる場合があります。

- 本書は、Autodesk Revit 2019の解説書です。本書の利用に当たっては、Autodesk Revit 2019がパソコンにインストールされている必要があります。

- Autodesk Revit 2019の体験版はオートデスクのWebサイトからダウンロードしてください。当社ならびに著作権者、データの提供者（開発元・販売元）は、製品、体験版についてのご質問は一切受け付けておりません。

- 本書はWindows 10／7がインストールされたパソコンで、Autodesk Revit 2019を使用して解説を行っています。そのため、ご使用のOSやアプリケーションのバージョンによって、画面や操作方法が本書と異なる場合がございます。

- 本書は、パソコンやWindows、AutoCAD、Autodesk Revitの基本操作ができる方を対象としています。

- 本書の利用に当たっては、インターネットから教材データをダウンロードする必要があります（P.010参照）。そのためインターネット接続環境が必須となります。

- 教材データを使用するには、Autodesk Revit 2019が動作する環境が必要です。Autodesk Revit 2019より古いバージョンでの使用は保証しておりません。

- 本書に記載された内容をはじめ、インターネットからダウンロードした教材データ、プログラムなどを利用したことによるいかなる損害に対しても、データ提供者（開発元・販売元等）、著作権者、ならびに株式会社エクスナレッジでは、一切の責任を負いかねます。個人の責任においてご使用ください。

- 本書に直接関係のない「このようなことがしたい」「このようなときはどうすればよいか」など特定の操作方法や問題解決方法、パソコンやWindowsの基本的な使い方、ご使用の環境固有の設定や特定の機器向けの設定などのお問合せは受け付けておりません。本書の説明内容に関するご質問に限り、P.279のFAX質問シートにて受け付けております。

以上の注意事項をご承諾いただいたうえで、本書をご利用ください。ご承諾いただけずお問合せをいただいても、株式会社エクスナレッジおよび著作権者はご対応いたしかねます。予めご了承ください。

- Autodesk、Autodeskロゴ、Revit、Revit LT、AutoCAD、AutoCAD LTは、米国Autodesk,Incの米国およびその他の国における商標または登録商標です。
- 本書中に登場する会社名や商品名は一般に各社の商標または登録商標です。本書では®およびTMマークは省略させていただいております。

カバー・本文デザイン ……… 長 健司（kinds art assciates）
編集協力 ………………… 中嶋 孝徳
印刷 ………………… 株式会社ルナテック

はじめに

BIMの普及によって、メリットの一つである「見える化」(ビジュアル化)を活用したコミュニケーションが多くみられるようになりました。「見える化」は、顧客や関係者との打ち合わせに非常に有効的であり、建物の形状や空間の確認を行うことで迅速な意思疎通を可能にしています。

昨今では、「見える化」ばかりが優先されてしまい、BIMの特徴でもある「情報」を持たないモデルデータや、Revitの特徴でもある「パラメトリック」に対応しない「形状のみ」のデータが多く作成されており、本来のBIMの効果が発揮されていません。

Revitは、複数の「ファミリ」データにより「プロジェクト」データが構成されています。その「ファミリ」に「情報」や「パラメトリック」の設定を持たせることで、本来のBIMツールとしての本領を発揮します。しかしながら、Revitのヘルプファイルを見ただけでは「ファミリ」作成は難しく、難易度も高く感じるユーザーは少なくないのではないでしょうか。

本書は、「ファミリ」を「どのように作ればよいか?」、「設定はどうすればよいか?」などを簡単な事例を用いて、できるだけわかりやすく説明し、「ファミリ」の作成方法や、データ構成、設定等について記載しています。

本格的なBIM活用を目指す皆様の一助になることを願っています。

2019年2月

小林美砂子・中川まゆ・内田公平

目次

はじめに ……………………………………………………………………………………………… 003
本書について ………………………………………………………………………………………… 008
Revitについて ………………………………………………………………………………………… 009
教材データのダウンロードについて ……………………………………………………………… 010

chapter 1 ファミリの基本

1-1 プロジェクトの構成 …………………………………………………………………… 012
- 1-1-1 プロジェクトの要素 …………………………………………………………… 012
- 1-1-2 「プロジェクト」と「ファミリ」の関係 ……………………………………… 014
- 1-2 ファミリの構成と作成 ………………………………………………………………… 016
- 1-2-1 ファミリとは …………………………………………………………………… 016
- 1-2-2 ファミリの種類 ………………………………………………………………… 017
- 1-2-3 パラメータ／プロパティ／カテゴリ ………………………………………… 018
- 1-2-4 標準ファミリを作成 …………………………………………………………… 019
- 1-2-5 基本的なファミリの作成手順 ………………………………………………… 021

chapter 2 形状だけのファミリを作成

2-1 形状だけのファミリを作成する工程 ………………………………………………… 026
- 2-1-1 STEP 1｜新規ファミリを作成 ………………………………………………… 026
- 2-1-2 STEP 2｜3Dデータを配置 ……………………………………………………… 026
- 2-1-3 STEP 3｜2Dデータを読み込む ………………………………………………… 027
- 2-1-4 STEP 4｜マテリアルを設定 …………………………………………………… 027
- 2-1-5 STEP 5｜プレビューを作成してプロジェクトにロード …………………… 027

2-2 新規ファミリを作成 …………………………………………………………………… 028
- 2-2-1 DXFデータをダウンロード …………………………………………………… 028
- 2-2-2 テンプレートを選択 …………………………………………………………… 029

2-3 3Dデータを配置 ………………………………………………………………………… 030
- 2-3-1 3Dデータを読み込む …………………………………………………………… 030
- 2-3-2 3Dデータを基準位置に移動 …………………………………………………… 031
- 2-3-3 3Dデータの表示をコントロール ……………………………………………… 032

2-4 2Dデータを読み込む …………………………………………………………………… 033
- 2-4-1 2Dデータ(平面図)を挿入 ……………………………………………………… 033
- 2-4-2 2Dデータ(立面図)を挿入 ……………………………………………………… 034
- 2-4-3 平面図のサブカテゴリを変更 ………………………………………………… 036
- 2-4-4 平面図をモデル線分からシンボル線分に変換 ……………………………… 038
- 2-4-5 立面図のサブカテゴリを変更してシンボル線分に変換 …………………… 038

2-5 マテリアルを設定 ……………………………………………………………………… 040
- 2-5-1 マテリアルを確認 ……………………………………………………………… 040
- 2-5-2 蛇口のマテリアルを設定 ……………………………………………………… 041
- 2-5-3 その他のマテリアルを設定 …………………………………………………… 042

2-6 プレビューを作成してプロジェクトにロード ……………………………………… 044
- 2-6-1 不要なデータを削除 …………………………………………………………… 044
- 2-6-2 プレビューを作成 ……………………………………………………………… 045
- 2-6-3 ファミリを名前を付けて保存 ………………………………………………… 047
- 2-6-4 プロジェクトにロードして確認 ……………………………………………… 048

chapter 3 パラメータ設定できるファミリを作成《基本編》

3-1 パラメータ設定できる棚ファミリを作成する工程 ･･････ 050
- 3-1-1　STEP 1｜新規ファミリを作成 ･･････ 050
- 3-1-2　STEP 2｜パラメータと本体を作成 ･･････ 050
- 3-1-3　STEP 3｜参照面を設定 ･･････ 050
- 3-1-4　STEP 4｜ボイドを作成 ･･････ 051
- 3-1-5　STEP 5｜棚板を作成 ･･････ 051
- 3-1-6　STEP 6｜プロジェクトへのロード ･･････ 051
- 3-1-7　STEP 7｜マテリアルを設定 ･･････ 051

3-2 新規ファミリを作成 ･･････ 052
- 3-2-1　テンプレートを選択 ･･････ 052

3-3 パラメータと本体を作成 ･･････ 053
- 3-3-1　参照面を作成 ･･････ 053
- 3-3-2　EQを設定 ･･････ 054
- 3-3-3　幅と奥行きのパラメータを設定 ･･････ 056
- 3-3-4　パラメータの動作を確認 ･･････ 058
- 3-3-5　本体を作成 ･･････ 059
- 3-3-6　高さのパラメータを設定 ･･････ 061

3-4 参照面を設定 ･･････ 065
- 3-4-1　参照面に名前を付ける ･･････ 065
- 3-4-2　基準点を定義 ･･････ 066
- 3-4-3　参照の優先度を定義 ･･････ 067

3-5 ボイドを作成 ･･････ 068
- 3-5-1　棚部分の穴を作成 ･･････ 068
- 3-5-2　パラメータを変えて動作を確認 ･･････ 072

3-6 棚板を作成 ･･････ 073
- 3-6-1　3分割する参照面を作成 ･･････ 073
- 3-6-2　棚板を作成 ･･････ 074
- 3-6-3　ファイルを保存 ･･････ 077

3-7 プロジェクトへのロード ･･････ 078
- 3-7-1　プロジェクトファイルを新規作成 ･･････ 078
- 3-7-2　壁を作成 ･･････ 078
- 3-7-3　ファミリをプロジェクトにロード ･･････ 079
- 3-7-4　パラメータの動作を確認 ･･････ 080
- 3-7-5　インスタンスパラメータとタイプパラメータの違い ･･････ 082

3-8 マテリアルを設定 ･･････ 084
- 3-8-1　マテリアルを作成 ･･････ 084
- 3-8-2　マテリアルを設定 ･･････ 085
- 3-8-3　マテリアルパラメータを設定 ･･････ 087
- 3-8-4　プロジェクトへの再ロード ･･････ 088

chapter 4 パラメータ設定できるファミリを作成《応用編》

4-1 パラメータを設定できる窓ファミリを作成する工程 ･･････ 092
- 4-1-1　作成する窓ファミリの確認 ･･････ 092
- 4-1-2　窓ファミリの作成手順 ･･････ 093
- 4-1-3　STEP 1｜窓の額縁・フレームを作成 ･･････ 093
- 4-1-4　STEP 2｜基本パネルを作成 ･･････ 095
- 4-1-5　STEP 3｜FIXパネルを作成／STEP 4｜倒しパネルを作成／
　　　　　STEP 5｜引き違いパネルを作成 ･･････ 098

	4-1-6	STEP 6｜FIXパネルを窓ファミリにロード／	
		STEP 7｜引き違いと倒しパネルを窓ファミリにロード	099
	4-1-7	STEP 8｜水切りを作成	100
	4-1-8	STEP 9｜窓ファミリの2D表示を作成	100
	4-1-9	STEP 10｜タイプ分けとタイプカタログを作成	101

4-2 窓の額縁・フレームを作成 ... 102

- 4-2-1 テンプレートを選択 ... 102
- 4-2-2 額縁のための参照面を作成 ... 103
- 4-2-3 額縁のためのパラメータを作成 ... 105
- 4-2-4 額縁を作成 ... 110
- 4-2-5 フレームのための参照面を作成 ... 116
- 4-2-6 フレームのためのパラメータを作成 ... 117
- 4-2-7 フレームを作成 ... 119
- 4-2-8 有効開口幅位置を変更 ... 122
- 4-2-9 有効開口高さ位置を変更 ... 124
- 4-2-10 開口のパラメータの動作確認 ... 127
- 4-2-11 サブカテゴリを設定 ... 128
- 4-2-12 サブカテゴリ設定を確認 ... 131
- 4-2-13 サブカテゴリにマテリアルパラメータを作成 ... 134

4-3 基本パネルを作成 ... 139

- 4-3-1 新規ファミリを作成してカテゴリを設定 ... 139
- 4-3-2 框のパラメータを作成 ... 140
- 4-3-3 框を作成 ... 147
- 4-3-4 ガラスを作成 ... 151
- 4-3-5 サブカテゴリを設定 ... 153
- 4-3-6 2D（平面図）での表示を設定 ... 154
- 4-3-7 2D（断面図）での表示を設定 ... 161
- 4-3-8 表示設定を確認 ... 165

4-4 FIXパネルを作成 ... 168

- 4-4-1 FIX記号を作成 ... 168
- 4-4-2 FIX記号の位置を固定 ... 170
- 4-4-3 FIX記号の非表示／表示パラメータを作成 ... 173
- 4-4-4 背面のFIX記号を作成 ... 174
- 4-4-5 FIX記号の表示設定 ... 176
- 4-4-6 FIX記号の表示設定を確認 ... 176

4-5 倒しパネルを作成 ... 178

- 4-5-1 サブカテゴリを作成 ... 178
- 4-5-2 倒し表現を作成 ... 180

4-6 引き違いパネルを作成 ... 183

- 4-6-1 パラメータを作成 ... 183
- 4-6-2 パネルをネスト ... 188
- 4-6-3 パネル位置を調整 ... 191
- 4-6-4 框見付パラメータを追加 ... 194
- 4-6-5 2Dでの引き違い表記の追加 ... 198

4-7 FIXパネルを窓ファミリにロード ... 203

- 4-7-1 FIXパネルをロード ... 203
- 4-7-2 パラメータの関連付け ... 204
- 4-7-3 パネル位置を調整 ... 210

4-8 引き違いと倒しパネルを窓ファミリにロード ... 214

- 4-8-1 パネル入れ替えのパラメータ設定 ... 214

4-8-2	パネル入れ替えパラメータを割り当て	215

4-9 水切りを作成 ... 220
- 4-9-1 参照面を作成 ... 220
- 4-9-2 水切り形状を作成 ... 223
- 4-9-3 サブカテゴリを設定 ... 226
- 4-9-4 表示／非表示のパラメータを作成 ... 227
- 4-9-5 表示を設定 ... 228

4-10 窓ファミリの2D表示を作成 ... 232
- 4-10-1 額縁とフレームの表示設定 ... 232
- 4-10-2 平面図での簡略表示を作成 ... 233
- 4-10-3 確認用プロジェクトを作成 ... 234
- 4-10-4 プロジェクトに窓をロード ... 235
- 4-10-5 断面図での簡略表示を作成 ... 236
- 4-10-6 パラメータを変更して動作確認 ... 239

4-11 プロジェクト側での設定 ... 241

4-12 タイプ分けとタイプカタログを作成 ... 243
- 4-12-1 プロパティの違い ... 243
- 4-12-2 ファミリのタイプ分け ... 247
- 4-12-3 タイプカタログを作成 ... 251

chapter 5 2Dファミリの作成と活用

5-1 2Dファミリを作成して拾い出しする工程 ... 254
- 5-1-1 STEP 1｜2Dシンボルファミリを作成 ... 254
- 5-1-2 STEP 2｜タグファミリを作成 ... 254
- 5-1-3 STEP 3｜作成したファミリとタグの動作をチェック ... 255
- 5-1-4 STEP 4｜集計表を作成 ... 255

5-2 2Dシンボルファミリを作成 ... 256
- 5-2-1 AutoCADで2Dシンボル図形を作成 ... 256
- 5-2-2 テンプレートを選択 ... 256
- 5-2-3 2Dシンボル図形を挿入 ... 257
- 5-2-4 パラメータを確認 ... 259
- 5-2-5 タイプを設定 ... 259
- 5-2-6 ファミリカテゴリを変更 ... 261
- 5-2-7 表示設定を変更 ... 262
- 5-2-8 サムネイルビューを設定して保存 ... 262

5-3 タグファミリを作成 ... 264
- 5-3-1 テンプレートを選択 ... 264
- 5-3-2 ラベルを作成 ... 265
- 5-3-3 ファミリカテゴリを変更 ... 267

5-4 作成したファミリとタグの動作チェック ... 268
- 5-4-1 プロジェクトに壁を作成 ... 268
- 5-4-2 「コンセント専用」ファミリをロード ... 269
- 5-4-3 「コンセントタグ」ファミリをロード ... 271
- 5-4-4 3Dビューでの表示を制御 ... 272

5-5 集計表を作成 ... 275
- 5-5-1 コンセントファミリの拾い出し ... 275

INDEX ... 277
FAX質問シート ... 279

本書について

本書の対象読者

本書はAutodesk Revit（以下Revit）を利用しているユーザーを対象とする「ファミリを作成・活用するための入門書」です。AutoCADまたはAutoCAD LTの操作とともに、Revitの基本操作を理解していることを前提としています。AutoCADまたはAutoCAD LTの操作やRevitの基本操作については別の参考書などをご利用ください。

本書の作業環境

本書の内容は、Windows 7／8.1／10でRevit 2019を使用して執筆・検証したものです。本文に掲載する手順および画面はRevit 2019のものです。

本書の作例

本書では、chapter 2、chapter 3、chapter 4、chapter 5でそれぞれ1つのファミリを作成する手順を解説しています（chapter 5はファミリの活用方法も解説しています）。

chapter 2は、パラメータによる変化が伴わない3D形状のファミリで、2D表示は3D形状をそのまま使わず2D専用の図形を表示させます。

chapter 3は、パラメータによって大きさを変更できる3D形状のファミリで、「棚」を作例にしています。大きさが変化しても棚の板厚は常に一定になるように作成します。

chapter 4は、「窓」を作例としてファミリを作成します。パラメータで細部までサイズ指定できるようにします。さらに「FIX」、「倒し」、「引き違い」と3つのパネルの種類を1つのファミリに含め、パラメータで3つの種類から選択できるファミリを作成します。

chapter 5は、2Dシンボルのファミリを作成し、ファミリに付加した情報をもとに集計します。ここでは種類ごとの個数を集計しますが、シンボルファミリに持たせる情報を追加すれば、価格の集計などにも活用できます。

chapter 2の作例

chapter 3の作例

chapter 4の作例

chapter 5の作例

本書で使用する表記

本書では、Revitの操作手順を簡潔にわかりやすく説明するために、次のような表記ルールを使用しています。本文を読む前にご確認ください。

画面各部の名称

画面に表示されるダイアログボックス、ボタン、各項目などの名称はすべて
［　］で囲んで表記します。

例：［ファミリ要素の表示設定］ダイアログボックスの［ビュー固有の表示］
　　で［前／後］にチェックを入れる

リボンのコマンドの指示

リボンのコマンドを指示するときは、そのコマンド、コマンドが含まれるタブやパネルを［　］で囲み、タブ→パネル→コマンド名の順に表記します。

例：リボンの［作成］タブ→［フォーム］パネル→［押し出し］をクリック
　　する

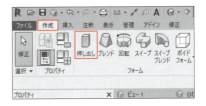

キーボード操作

キーボードで入力する数値や文字は「　」で囲み、色の付いた文字で表記します。
キーボードのキーを併用する操作については、キーを ■■ で囲んで表記します。

例：「1234」と入力する
例：Ctrl キーを押しながらクリックする

Revitについて

Revitとは

RevitはBIMのためのソフトウェアです。オートデスク社のオンラインストアまたは同社認定販売パートナーから購入できます。本書発売（2019年3月）時点でのRevitの最新バージョンはRevit 2019です。

Revit 2019の動作環境

OS	Microsoft Windows 7 SP1 64ビット版（Enterprise、Ultimate、Professional、Home Premium Microsoft Windows 8.1 64ビット版（Enterprise、Pro、Windows 8.1） Microsoft Windows 10 Anniversary Update 64ビット版（バージョン1607以降）（Enterprise、Pro）
CPUの種類	シングルコアまたはマルチコアの Intel Pentium、Xeon、i-Series SSE2テクノロジ対応の同等のAMDプロセッサ
メモリ	4GB以上のRAM
モニタ解像度	1,280×1,024（最小）、True Color対応
ディスク空き容量	5GB以上の空き

Revitの体験版

30日間無償で試せる製品体験版をオートデスク社のWebサイトからダウンロードできます。製品体験版はインストール後30日間、製品と同等の機能を利用できます。
体験版のダウンロードはオートデスク社のWebサイト（URL　http://www.autodesk.co.jp）からページの上方にある［無償体験版］→［Revit］でダウンロードページに移動できます。製品体験版に関してはオートデスク社のサポート対象外です。

教材データのダウンロードについて

本書を使用するにあたって、まず解説で使用する教材データを
インターネットからダウンロードする必要があります。

教材データのダウンロード方法

Webブラウザ（Microsoft Edge、Internet Explorer、Google Chrome、FireFox）を起動し、以下のURLのWebページにアクセスしてください。

http://xknowledge-books.jp/support/9784767825854

- 図のような本書の「サポート＆ダウンロード」ページが表示されたら、記載されている注意事項を必ずお読みになり、ご了承いただいたうえで、教材データをダウンロードしてください。
- 教材データはZIP形式で圧縮されています。ダウンロード後は解凍して、デスクトップなどわかりやすい場所に移動してご使用ください。
- 教材データを使用するには、Autodesk Revit 2019が動作する環境が必要です。Autodesk Revit 2019より古いバージョンでは使用できません。
- 教材データに含まれるファイルやプログラムなどを利用したことによるいかなる損害に対しても、データ提供者（開発元・販売元等）、著作権者、ならびに株式会社エクスナレッジでは、一切の責任を負いかねます。
- 動作条件を満たしていても、ご使用のコンピュータの環境によっては動作しない場合や、インストールできない場合があります。予めご了承ください。

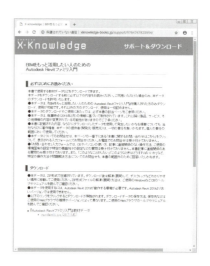

教材データの収録内容

教材データはchapterごとのフォルダに分かれています。各chapterごとにファミリファイルの新規作成からはじめてファミリを作成するので、教材データを使用しないでも完成データを作成できますが（一部を除く）、途中の節からでも作業を開始できるように、途中段階のデータを用意してある箇所があります。途中段階のデータを使用できる場合は、該当部分の見出しに 📄 **ここで使用するファイル／窓4-2.rvt** のように明示しています。

また完成データも教材データに含まれています。

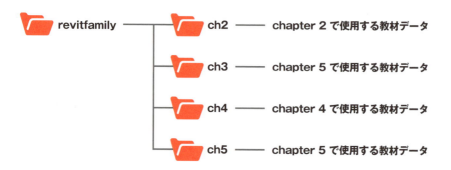

chapter 1

ファミリの基本

「ファミリ」を解説するにあたり必要な「Revitのファイル構成」の基本的な知識と、ファミリを作成する基本手順について解説します。

1 プロジェクトの構成

本書はRevitの基本が理解できている人を対象として、「ファミリ」について記載しています。「ファミリ」を解説するにあたり「Revitのファイル構成」を理解しておく必要があります。
まずは、「プロジェクト」とは何か、「プロジェクト」と「ファミリ」の関係について解説します。

1-1-1 プロジェクトの要素

Revitでは「プロジェクト」を作成しながら、デザインの検討や、施工の計画を行います。
「プロジェクト」を作成するには、①デザインに必要な基準となる「基準要素」、②部品を管理するデータベース的な「モデル要素」、③図面や詳細ビューを作成する「ビュー要素」が必要です。Revitの「プロジェクト」は、これら3つの要素から成り立っています。

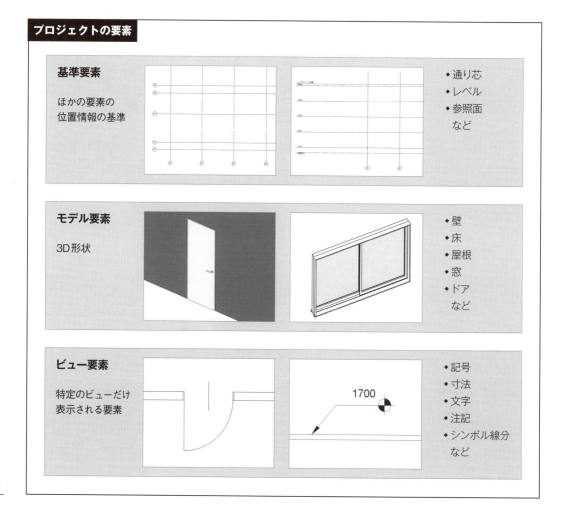

プロジェクトの要素

基準要素 — ほかの要素の位置情報の基準
- 通り芯
- レベル
- 参照面
など

モデル要素 — 3D形状
- 壁
- 床
- 屋根
- 窓
- ドア
など

ビュー要素 — 特定のビューだけ表示される要素
- 記号
- 寸法
- 文字
- 注記
- シンボル線分
など

1 基準要素

「**基準要素**」は、通り芯・レベル・参照面など、ほかの要素の位置情報の基準として参照する線や面です。プロジェクトの中で「**設計基準**」の役目になります。

これら基準要素は、モデル作成時に最低限必要なものです。

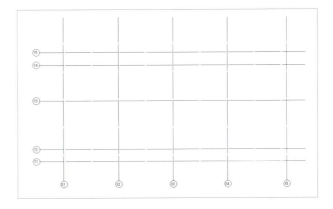

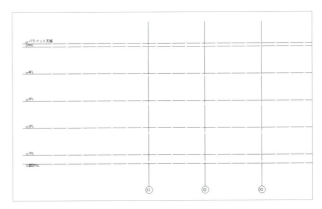

2 モデル要素

「**モデル要素**」は、壁、床、屋根、窓、ドアなど「**建築物の構成要素**」のことです。

モデル要素は、「**ホスト**」と「**コンポーネント**」の2種類に分けられます。

「**ホスト**」は、壁や床、天井、屋根などで、建具や設備器具を配置するときに必要な「**受け役**」となります。

「**ホスト**」以外の要素、建具・設備器具などは「**コンポーネント**」になります。

例えば壁と窓の場合、配置先となる壁は「**ホスト**」、窓は「**コンポーネント**」となります。

> **HINT**
> 「ファミリ」を作成する際は、「ホスト」が何になるかをあらかじめ検討しておく必要があります。

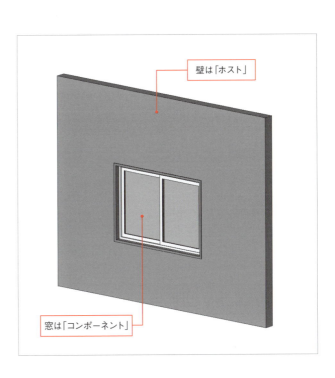

3 ビュー要素

「**ビュー要素**」は、「**特定のビューだけで表示される要素**」です。図面化・リスト化するときに使う寸法・タグ・注釈記号など、モデル要素の2D表示で使用するシンボル線などです。

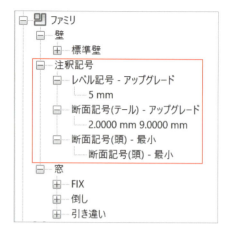

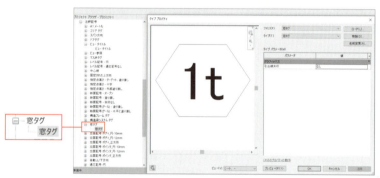

1-1-2 「プロジェクト」と「ファミリ」の関係

「プロジェクト」はさまざまな「ファミリ」を組み合わせることで作成します。1つひとつの「ファミリ」には、「基準要素」、「モデル要素」、「ビュー要素」の3つの要素が含まれており、これら要素の情報を管理することで「プロジェクト」をデータベースとして利用できます。

「**プロジェクト**」は複数の「**ファミリ**」によって構成されており、データベースの役割も担っています。

「**ファミリ**」は、基準要素、モデル要素、ビュー要素をまとめて1つのグループ化したものです。

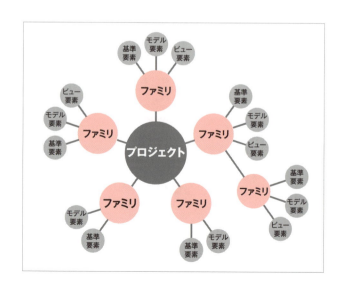

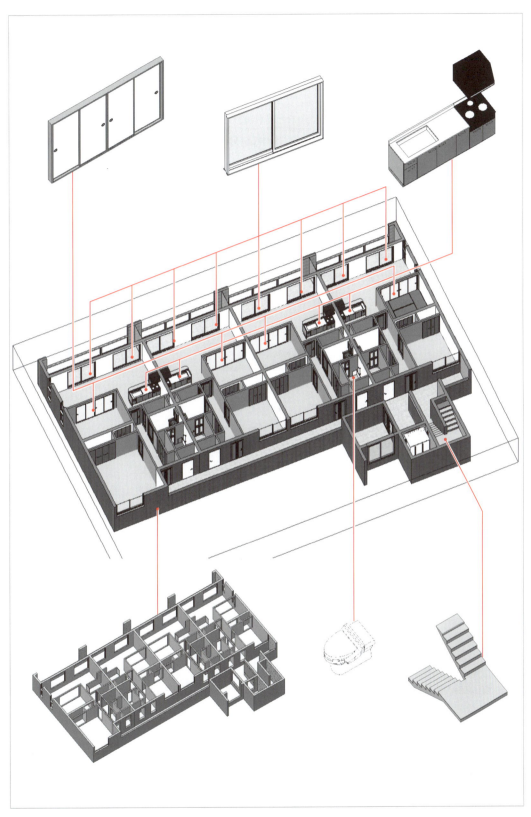

「プロジェクト」は、複数の「ファミリ」によって構成されたデータベースである

1-2 ファミリの構成と作成

Revitでは「ファミリ」を使用して建築モデルなどを作成します。壁、床、屋根などの基本的な構成、そこに追加される建具、家具、さらに図面で利用する記号など、多くのファミリを使用します。

1-2-1 ファミリとは

「ファミリ」は、共通・関連する形状や情報を持つグループです。パラメータ(情報)を設定し、それを変更することで形状などでバリエーションを持たせることができます。

形状と情報のまとまり

「**ファミリ**」は、「**グラフィックス要素**(3D形状や2D図形、注記文字など)」と「**関連する情報**(大きさや位置、マテリアル、拘束条件など)」をまとめたグループです。
この「関連する情報」は「**パラメータ**」と呼ばれます。

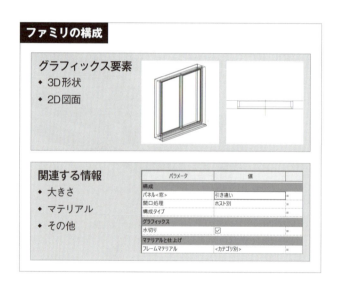

1つのファミリからのバリエーション

例えば、「**窓**」のファミリを作成する場合、大きさ(全体の幅や高さ)、額縁や框の幅などを自由に設定可能なファミリを作成することができます。さらに、「**引き違い窓**」や「**フィックス窓**」、「**倒し窓**」などの種類を選べるようにできます。これらをパラメータ(情報)としてファミリに持たせ、配置時または配置後に「**パラメータを設定・変更する**」ことで、1つのファミリからさまざまなバリエーションを作成できます。

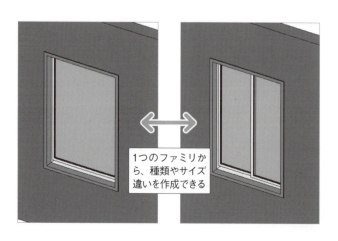

1つのファミリから、種類やサイズ違いを作成できる

1-2-2 ファミリの種類

「ファミリ」には、「システムファミリ」、「標準ファミリ」、「インプレスファミリ」の3種類があり、それぞれ特徴が異なります。ここでいうところのファミリの種類とは、壁や床といった目的別に分けられたものではなく、「Revit内でどのように扱われるか」にとって区別される種類です。

システムファミリ

「**システムファミリ**」は、「**Revit上に初期設定で用意されているファミリ**」のことです。
プロジェクトの基準要素となる「**通り芯**」や「**寸法**」、「**壁**」や「**屋根**」などがシステムファミリに該当します。
Revit自体が持つファミリなので、テンプレートやプロジェクトには含まれません。

[平行寸法]コマンドなどを使って作成する寸法は、すべてシステムファミリをもとに作成される。このため寸法も「パラメータ」を持っている。図は[平行寸法]コマンドで作成した長さ寸法に設定されているパラメータ

標準ファミリ

「**標準ファミリ**」（ロード可能なファミリ）は、「**あらかじめ用意されているファミリテンプレートを使って作成**」して利用するファミリです。
標準ファミリは、ファミリとして保存するほか、テンプレートやプロジェクトに含めての保存もできます。ほかのプロジェクトにロードして利用することもできます。
chapter 2、**chapter 3**、**chapter 4**ではファミリの作成方法を解説しますが、そこで作成するのは標準ファミリです。

Revitにはあらかじめ建具、窓、設備機器など多数の標準ファミリが用意されている。図は鋼鉄ドアとして用意されている標準ファミリ

インプレスファミリ

「**インプレスファミリ**」は、「**他のプロジェクトで再使用しないファミリ**」です。
ある特定のプロジェクト内で作成し、独特の形状や設定が必要なときに作成します。
プロジェクト内では、複数のインプレスファミリを作成することもできます。

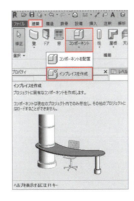

リボンの[建築]タブ→[構築]パネル→[コンポーネント]→[インプレイスを作成]などを使って、インプレスファミリを作成する

1-2-3 パラメータ／プロパティ／カテゴリ

「パラメータ」は、ファミリが持つ個々の情報のことで、これら情報をまとめて「プロパティ」と呼びます。「カテゴリ」はあらかじめ用意されているパラメータグループで、ドア、窓、衛生器具など多数あります。

パラメータ

「**パラメータ**」は「**1つひとつのファミリが持つ情報**」のことです。大きさ、位置、マテリアル、拘束条件などさまざまなパラメータがあります。
例えば図の窓ファミリの寸法グループを確認すると、「**パネル位置**」、「**パネル厚さ**」、「**パネル框見付**」、「**フレーム見込**」などの「**パラメータ**」が「**値**」で数値指定されています。

プロパティ

「**プロパティ**」は、設定や変更可能なパラメータ（値）の集まりのことを指します。Revitではプロパティは、「**タイププロパティ**」と「**インスタンスプロパティ**」の2つに分けられます。それぞの違いは「**影響する範囲**」です。
「**タイププロパティ**」に含まれるパラメータの値は、「**そのファミリが持っている共通の値**」です。この値を変更すると、プロジェクト内のすべての同じファミリも変更されます。
「**インスタンスプロパティ**」に含まれるパラメータの値は、「**1つひとつのファミリが持つ個々の値**」です。この値を変更しても、ほかの同じファミリに影響なく、変更されません。

上左図の寸法グループの「奥行き」、「幅」、「高さ」はタイププロパティ。上右図の寸法グループの「奥行き」、「幅」、「高さ」はインスタンスプロパティ。一見違いはないが、インスタンスプロパティのパラメータ名には「既定値」と表示される

カテゴリ

「**カテゴリ**」は目的に合わせてパラメータをまとめたグループのようなものです。ファミリを作成するときに選択するテンプレートにあらかじめ設定されていますが、あとから変更することもできます。
例えば図の「**窓**」カテゴリには、壁に垂直に配置されるよう、「**ホスト**」「**壁**」、「**常に垂直**」に「**ロック**」などのパラメータが設定されています。

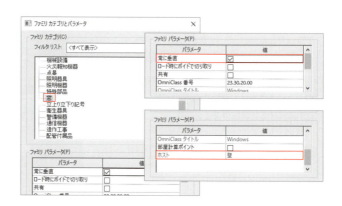

1-2-4 標準ファミリを作成

「ファミリ」は、「ファミリエディタ」を使って作成や編集を行います。新規にファミリを作成するときは、「ファミリテンプレート」をもとにして作成します。

ファミリの新規作成

ファミリの新規作成は、[**スタート**]画面の[**ファミリ**]の[**新規作成**]をクリックするか、[**ファイル**]→[**新規作成**]→[**ファミリ**]を選択します(図)。[**新しいファミリ-テンプレートを選択**]ダイアログボックスが表示されるので、テンプレートを選択して開くと、新規ファミリが作成されます。

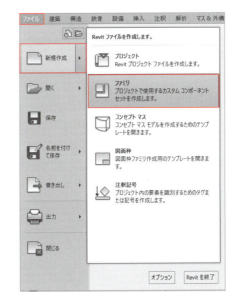

ファミリの編集

既存のファミリの編集は、[**スタート**]画面の[**ファミリ**]の[**開く**]をクリックするか、[**ファイル**]→[**開く**]→[**ファミリ**]を選択します。[**開く**]ダイアログボックスが示されるので、ファミリを選択して開きます。

> **HINT**
> ファミリとして保存されたデータは、拡張子「.rfa」となります。

ファミリテンプレートの種類

ファミリを作成するときは「**ファミリテンプレート**」を選択します。
「**ファミリテンプレート**」には、大別すると「**ホストベースのテンプレート**」と「**スタンドアロンのテンプレート**」の2種類があります。
「**ホストベースのテンプレート**」は、「**ホストファミリに挿入するファミリ**」を作成するテンプレートです。
「**スタンドアロンのテンプレート**」は、「**ホストに依存しないコンポーネントを配置するファミリ**」を作成するテンプレートです。
いずれか、目的に合ったファミリテンプレートを指定する必要があります。

ファミリエディタ

新規ファミリを作成したり、ファミリを開くと「**ファミリエディタ**」が表示されます。ファミリのレイアウト、3D形状や2D図形の作成・編集、パラメータの設定に利用するのが「**ファミリエディタ**」です。
「**ファミリエディタ**」の操作画面は、プロジェクトの操作画面と同じような見た目と操作性です。ただし、図のようにファミリタイプによって操作画面に多少違いがあります。

3Dモデル

注釈

詳細

鉄筋

トラス

コンセプトマス

パラメータの追加

テンプレートを選択した時点でいくつかのパラメータが設定されていますが、さらに、必要に応じてパラメータを追加して定義できます。パラメータを追加するには、「**パラメータプロパティ**」で、名前や分野、タイプ、グループを設定します。

HINT

[**パラメータタイプ**]の[**ファミリ パラメータ**]は、現在作成中のファミリにだけ有効なパラメータです。一方、[**共有パラメータ**]は、複数のファミリやプロジェクトで利用できるパラメータです。ネスト(ファミリの中にさらにファミリを組み込む)されたファミリの集計が必要な場合に利用します。

1-2-5 標準ファミリの作成手順

標準ファミリは、ファミリの用途を決め、実際のモデルではどこをパラメータで変更できるようにするかなどを検討してから作成しはじめます。

基本的なファミリの作成手順

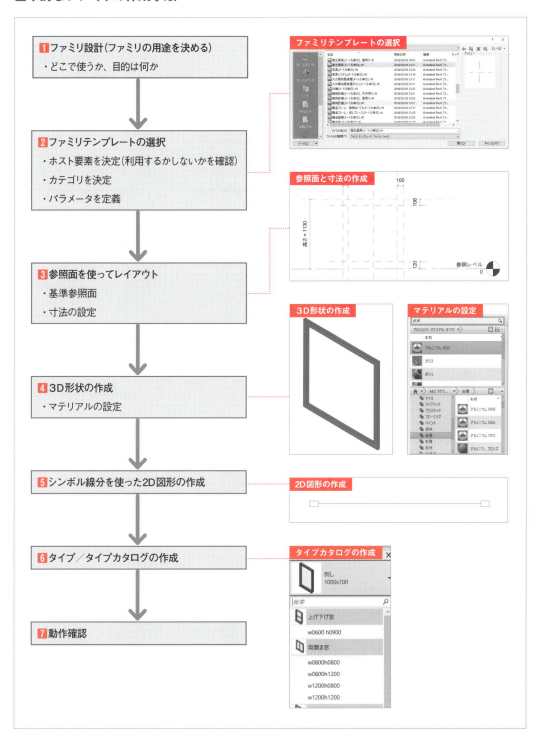

chapter 2での作成手順

chapter 2 では、2D、3Dの形状データをWebサイトからダウンロードし、パラメータ等でサイズ変更が不要な形状だけのファミリを作成します。

1 新規ファミリを作成
    DXFデータをダウンロード
    テンプレートを選択

2 3Dデータを配置
    3Dデータを読み込む
    3Dデータを基準位置に移動
    3Dデータの表示をコントロール

3 2Dデータを読み込む
    2Dデータ(平面図)を挿入
    2Dデータ(立面図)を挿入
    平面図のサブカテゴリを変更
    平面図をモデル線分からシンボル線分に変換
    立面図のサブカテゴリを変更してシンボル線分に変換

4 マテリアルを設定
    マテリアルを確認
    蛇口のマテリアルを設定
    その他のマテリアルを設定

5 プレビューを作成してプロジェクトにロード
    不要なデータを削除
    プレビューを作成
    名前を付けて保存
    プロジェクトにロードして確認

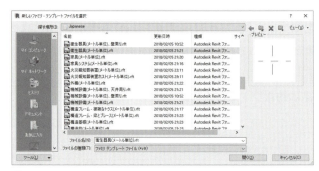

1 新規ファミリを作成：ファミリテンプレートとして多数用意されている中から、目的に合ったホスト・カテゴリのテンプレートを選択する。ここでは「衛生器具(メートル単位).rft」を使用する

2 3Dデータを配置：ダウンロードしたデータを配置する際に、必要に応じて、平面、側面、正面などで表示するかどうかを指定する。ここでは、3Dデータは3Dビューだけ表示させる

3 2Dデータを読み込む：正面、側面、平面それぞれに2Dデータを読み込んで配置する。それぞれの2Dデータは、それぞれのビューでだけ表示されるように設定する

4 マテリアルを設定：蛇口・洗面台・洗面台上部に、それぞれマテリアルを設定する

5 プレビューを作成してプロジェクトにロード：不要なデータを削除、プレビューを作成の順に進めて名前を付けて保存する。最後にプロジェクトにロードして確認する

chapter 3での作成手順

chapter 3では、パラメータで幅、奥行き、高さが変更できる棚ファミリを作成します。

1 新規ファミリを作成
テンプレートを選択

2 パラメータと本体を作成
参照面を作成
EQを設定
幅と奥行きのパラメータを設定
パラメータの動作を確認
本体を作成
高さのパラメータを設定

3 参照面を設定
参照面に名前を付ける
基準点を定義
参照を定義

4 ボイドを作成
棚部分の穴を作成
パラメータを変えて動作を確認

5 棚板を作成
3分割する参照面を作成
棚板を作成
ファイルを保存

6 プロジェクトへのロード
プロジェクトファイルを新規作成
壁を作成
ファミリをプロジェクトにロード
パラメータの動作を確認
タイプパラメータとインスタンスパラメータの違い

7 マテリアルを設定
マテリアルを作成
マテリアルを設定
マテリアルパラメータを設定
プロジェクトへの再ロード

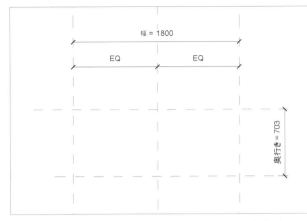

2 パラメータと本体を作成：参照面を作成する。参照面は棚本体の大きさを決める基準となる面

2 パラメータと本体を作成：本体を作成後、高さのパラメータを設定する。幅、奥行き、高さいずれにもパラメータを設定して、プロジェクトに配置後大きさを自由に変更できるようにする

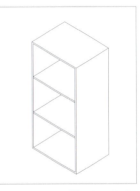

4 ボイドを作成、5 棚板を作成：本体・棚板の厚みが本体のサイズを変えても一定になり、かつ棚板も常に3分割になる位置に配置されるようパラメータを設定する

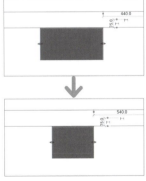

6 プロジェクトへのロード：プロジェクトにロードし、パラメータの動作を確認する

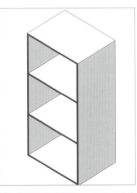

7 マテリアルを設定：マテリアルを設定し、再度プロジェクトにロードして動作を確認する

chapter 4での作成手順

chapter 4では、新規に窓のファミリを作成します。作成する窓は、窓の種類、窓サイズ、框やフレームのサイズも指定できるものとします。

chapter 4で作成する窓ファミリは、フレームのファミリの中に、FIX、倒し、引き違いの3つのファミリを組み込んで1つのファミリにします。このため、下記の5つの工程は、それぞれ基本的なファミリの作成手順を繰り返します。

1 窓の額縁・フレームを作成
2 基本パネルを作成
3 FIXパネルを作成
4 倒しパネルを作成
5 引き違いパネルを作成

こうして作成した複数のファミリをまとめ、その上で「**シンボル線分を使った2D図形の作成**」、「**タイプ/タイプカタログの作成**」、「**動作確認**」などを行って完成させます。

1 窓の額縁・フレームを作成

2 基本パネルを作成

3 FIXパネルを作成

4 倒しパネルを作成

5 引き違いパネルを作成

1 窓の額縁・フレームを作成
2 基本パネルを作成
3 FIXパネルを作成
4 倒しパネルを作成
5 引き違いパネルを作成
6 FIXパネルを窓ファミリにロード
7 引き違いと倒しパネルを窓ファミリにロード
8 水切りを作成
9 窓ファミリの2D表示を作成
10 プロジェクト側で設定
11 タイプ分けとタイプカタログを作成

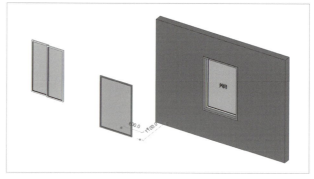
6 FIXパネルを窓ファミリにロード　　7 引き違いと倒しパネルを窓ファミリにロード

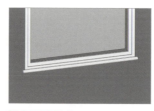
8 水切りを作成

11 タイプ分けとタイプカタログを作成

chapter 2

形状だけの
ファミリを作成

パラメータでサイズ変更が不要な場合に用いる「形状だけ」のファミリを作成します。メーカーのWebサイトからダウンロードできる製品のDXF・DWGデータを利用してファミリを作成します。

chapter 2

1 形状だけのファミリを作成する工程

chapter 2では、パラメータでサイズ変更が不要な場合に用いる「形状だけ」のファミリを作成します。2D／3Dの形状として、メーカーのWebサイトからダウンロードできる製品のDXF・DWGデータを利用し、ファミリを作成すると効果的です。

2-1-1　STEP 1 ｜ 新規ファミリを作成

TOTOの建築専門家向けWebサイト「COMET」から、洗面化粧台の3Dデータ（DXF）、2Dデータ・意匠図の平面図（DXF）、正面図（DXF）、右側面図（DXF）をダウンロードします。テンプレートを選択して新規ファミリを作成します。

2-1-2　STEP 2 ｜ 3Dデータを配置

ダウンロードした3Dデータを読み込んで配置します。3Dデータは3Dビューのときだけ表示されるように設定します。

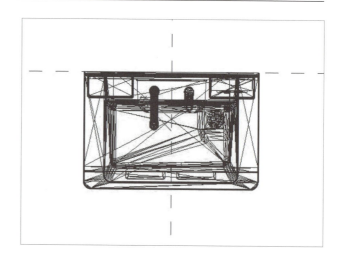

2-1-3 > STEP 3 | 2Dデータを読み込む

ダウンロードした2Dデータ(平面、正面、側面)をそれぞれ取り込み、それぞれの2Dビューのときだけ表示されるように設定します。

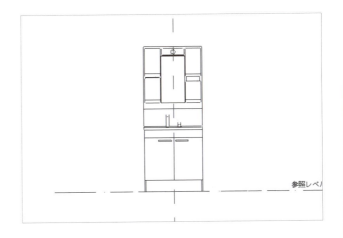

2-1-4 > STEP 4 | マテリアルを設定

マテリアルを設定します。マテリアルは蛇口、洗面台、洗面台上部と個別に設定します。

2-1-5 > STEP 5 | プレビューを作成してプロジェクトにロード

不要なデータを削除してプレビューを設定します。最後にプロジェクトにロードして、ビューごとに表示要素が切り替わるか確認します。

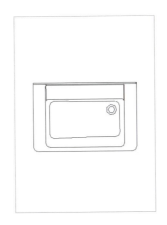

chapter 2

2 新規ファミリを作成

2D／3Dの形状として、Webサイトからダウンロードできる DXF・DWGデータを利用すると、効率的にファミリを作成できます。ここではTOTOの建築専門家のための情報サイト「COM-ET」からダウンロードしたDXFデータを使用し、洗面化粧台のファミリを作成します。

2-2-1 > DXFデータをダウンロード

はじめにTOTOのCOM-ETから、洗面化粧台の3Dデータ(DXF)、2Dデータ・意匠図の平面図(DXF)、正面図(DXF)、右側面図(DXF)をダウンロードします。

なお、ここで紹介した品番の洗面化粧台のDXFデータが、「COM-ET」から削除されたなど何らかの理由で見つからない場合は、似たような形状の洗面化粧台のDXFデータをダウンロードしてご使用いただくか、教材データに収録されているDXFデータをご使用ください。

1 インターネットで必要なデータを検索する。ここでは、TOTOの「**COM-ET**」にWebブラウザでアクセスし、さらに洗面化粧台（品番：LDPB075BAGEN1）のCADデータを探す

check
上記URL・製品情報等、また解説で使用しているDXFデータは、2019年2月時点のものです。予告なく変更される場合があります。

●「COM-ET」のURL
http://www.com-et.com/jp/

●直接、洗面化粧台のCADデータを表示させる場合のURL
http://www.com-et.com/jp/cad_view/TOT0000100011698/

2 3Dデータ(DXF)をダウンロードする。[**DXF**]をクリックし、必要に応じて保存先、保存名（わかりやすい場所と名前にする）などを指定してパソコンに保存する

3 ②と同様に2Dデータ・意匠図の平面図(DXF)、正面図(DXF)、右側面図(DXF)をダウンロードする

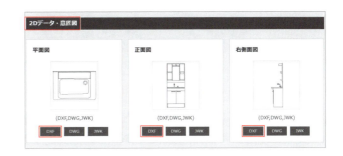

HINT

COM-ETからダウンロードしたデータを、「TOTO洗面台○○.dxf」(○○は3D、平面図など)というファイル名で、教材データの「2-1-1」フォルダ内にまとめています。

2-2-2 テンプレートを選択

部品のふるまいにあったテンプレートを選択することは、とても重要な作業です。

Revitには、たくさんのテンプレートがあらかじめ用意されています。このテンプレートから、ドア、窓、床付き、天井付きなどファミリの種類にあわせてテンプレートを選択します。ここで作成するファミリは洗面化粧台なので、「衛生器具(メートル単位).rft」を選択します。Revitテンプレートの拡張子は「.rft」です。

1 Revitを起動し、[**ホーム**]の[**ファミリ**]の[**新規作成**]をクリックする

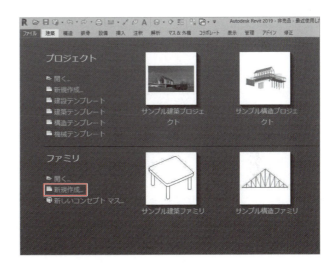

2 [**新しいファミリ-テンプレートファイルを選択**]ダイアログボックスから、[**衛生器具(メートル単位).rft**] ❶ を選択し、[**開く**] ❷ をクリックする。新しいファイルが開く

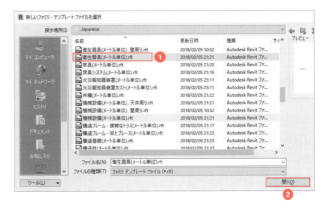

chapter 2

3 | 3Dデータを配置

ダウンロードした3Dデータをファミリ内に読み込んで配置します。読み込んだ3Dデータは、3D表示のときのみ使用し、平面図、正面図、側面図の図面表現は使用しません。このため、2D表示で3Dデータが表示されないように設定します。

2-3-1 > 3Dデータを読み込む

ここで使用するファイル
TOTO洗面台3D.dxf

ダウンロードした洗面化粧台の3Dデータを読み込みます。

1 前節「**2-2 新規ファミリを作成**」が終わったところから始める。[**プロジェクトブラウザ**]の[**平面図**]の[**+**] ❶ をクリックして展開し、[**参照レベル**] ❷ が選択されていることを確認する。また、[**参照レベル**]タブ ❸ が開いていることを確認する

> **HINT**
> 選択されていると、[**参照レベル**]は太字で表示されます。ビューの選択は、[**プロジェクトブラウザ**]で該当するビューをダブルクリックすると選択できます。

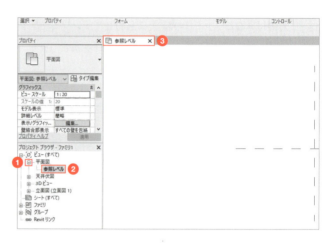

2 リボンの[**挿入**]タブ→[**読込**]パネル→[**CAD読込**]をクリックする

3 [**CAD読込**]ダイアログボックスが開く。[**探す場所**] ❹ をダウンロードしたデータを保存した場所に変更し、[**ファイルの種類**]から[**DXFファイル(*.dxf)**] ❺ を選択する。さらに、洗面化粧台の3Dデータ（教材データの場合は「(**TOTO洗面台3D.dxf**)」) ❻ を選択し、次のように設定して[**開く**]をクリックする
◆ [**カラー**]で[**白黒**] ❼ を選択する
◆ [**読み込み単位**]で[**ミリメートル**] ❽ を選択する
◆ [**配置**]で[**手動 - 中心**] ❾ を選択する

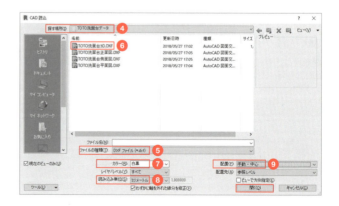

HINT

[CAD読込]ダイアログボックスの[カラー]の設定には3種類あります。
[反転]は元のCADデータの色を反転し、暗い色は明るく、明るい色は暗くなります。
[保持]は元のCADデータのレイヤの色をそのまま表示します。
[白黒]は背景が白であればすべて黒、背景が黒であればすべて白で表示します。

HINT

[CAD読込]ダイアログボックスの[読み込み単位]の[自動検出]は、AutoCADデータであれば自動的に元データの単位で変換されます(元データがミリメートル単位で作成されていれば、[ミリメートル]を選択したのと同じ)。他のCADで作成されたDXFデータの場合は、必ず[ミリメートル]などと、単位を指定してください。

[4] 適当な位置をクリックして配置する

2-3-2　3Dデータを基準位置に移動

読み込んだ3Dデータを基準位置に移動します。

[1] 挿入したデータを選択し、リボンの[修正|ファミリへの読み込み]タブ→[修正]パネル→[移動]をクリックする

[2] 背面の中点❶をクリックし、参照面の交点❷をクリックして移動する

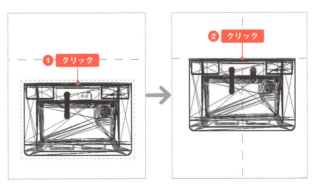

2-3-3 3Dデータの表示をコントロール

読み込んだ3Dデータは、3Dビューのときのみ表示させます。平面図、正面図、側面図を表示させる際は同時にダウンロードした2Dデータを表示させます。このため、2D表示で3Dデータが表示されないように設定します。

1 3Dデータを選択し、リボンの[**修正|ファミリへの読み込み**]タブ→[**読み込みインスタンス**]パネル→[**表示設定**]をクリックする

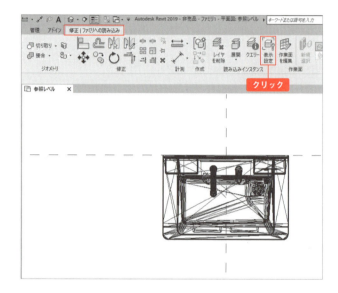

2 [**ファミリ要素の表示設定**]ダイアログボックスの[**3Dビューと次のビューで表示**]から[**平面図/天井伏図**]、[**前/後**]、[**左/右**]❶のチェックをオフにし、[**OK**]をクリックする

chapter 2-4 2Dデータを読み込む

ダウンロードした洗面化粧台の2Dデータを、平面図、正面図、右側面図それぞれのビューに読み込みます。各2Dデータはそれぞれ平面図、立面図等、特定のビューだけで表示されるように設定します。

2-4-1 > 2Dデータ(平面図)を挿入

ここで使用するファイル
TOTO洗面台平面図.dxf

ダウンロードした洗面化粧台の2Dデータを、平面図に読み込みます。平面図でしか表示しないので、読み込み時に「現在のビューのみ」にチェックをします。

平面図を読み込む

1 前節「2-3 3Dデータを配置」が終わったところから始める。リボンの[**挿入**]タブ→[**読込**]パネル→[**CAD読込**]を選択する

2 [**CAD読込**]ダイアログボックスが開くので、洗面化粧台の平面図のデータ(教材データの場合は「(**TOTO洗面台平面図.dxf**)」)を選択し、次のように設定して[**開く**]をクリックする

- [**現在のビューのみ**] ❶ にチェックを入れる
- [**カラー**]で[**白黒**] ❷ を選択する
- [**読み込み単位**]で[**ミリメートル**] ❸ を選択する
- [**配置**]で[**手動 – 中心**] ❹ を選択

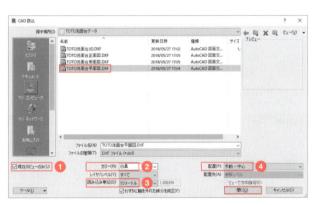

3 適当な位置をクリックして配置する

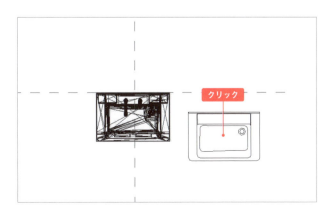

基準位置に移動

1. 挿入したデータを選択し、リボンの[**修正 | ファミリへの読み込み**]タブ→[**修正**]パネル→[**移動**]をクリックする

2. 背面の中点❶をクリックし、参照面の交点❷をクリックして、平面図を3Dの要素に合わせて移動する

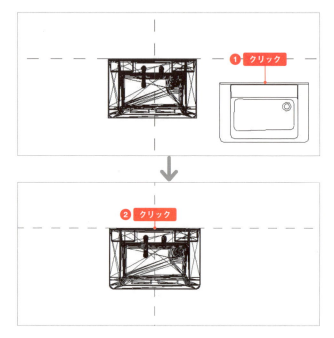

2-4-2 2Dデータ（立面図）を挿入

ここで使用するファイル
TOTO洗面台正面図.dxf
TOTO洗面台右側面図.dxf

平面図同様に、立面図に2Dデータの正面図、右側面図を読み込みます。

正面図を読み込む

1. [**プロジェクトブラウザ**]の[**立面図**]の[＋]❶をクリックして展開し、[**正面**]❷をダブルクリックする。[**正面**]タブ❸が開いたことを確認する

2 「2-4-1 2Dデータ(平面図)を挿入」の 1 〜 3 (P.033)と同様に操作し、正面図のデータ(教材データの場合は「(TOTO洗面台正面図.dxf)」)を読み込んで、適当な位置に配置する。

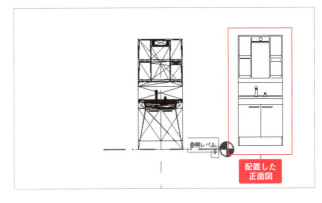

3 正面図を移動して、3Dの要素と正面図の基準位置を揃える。正面図の基準位置は下部中央。

右側面図を読み込む

1 同様に立面図[右]ビューに2Dデータの右側面図を読み込む。[プロジェクトブラウザ]の[立面図]の[右] ❶ をダブルクリックする。[右]タブ ❷ が開いたことを確認する

2 「2-4-1 2Dデータ(平面図)を挿入」の 1 〜 3 (P.033)と同様に操作し、右側面図のデータ(教材データの場合は「(TOTO洗面台右側面図.dxf)」)を読み込んで、適当な位置に配置する

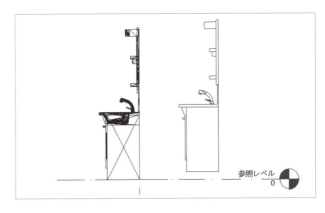

3 右側面図を移動して、3Dの要素と右側面図の基準位置を揃える。基準位置は背面下部。

2-4-3 平面図のサブカテゴリを変更

読み込んだ平面図、正面図、側面図の2Dデータは一体のデータになっているので、これらを分解します。また、分解直後の線分のサブカテゴリは、元のDXFデータに含まれているレイヤ名になっています。そのままでは、プロジェクトに挿入した後の表示コントロールがしづらいので、Revitのサブカテゴリに変更します。

平面図を分解(展開)

1 [**参照レベル**]タブ❶を選択し、[**正面**]タブと[**右**]タブの[✕]をクリックして閉じる

2 3Dの要素❷を選択する。[**ビューコントロールバー**]の[**一時的に非表示/選択表示**]❸から[**要素を非表示**]❹をクリックする

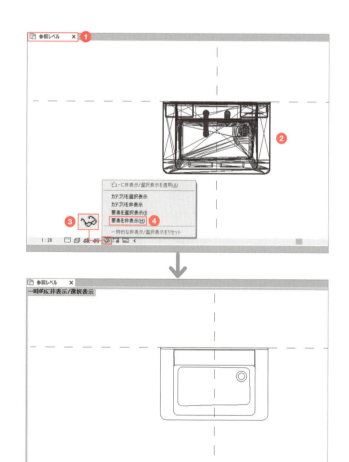

HINT

3Dの要素をクリックで選択しようとすると、手前にある平面図が選択されてしまうことがあります。この場合、要素にカーソルを重ね、`Tab`キーを押すと選択対象がハイライト表示され、さらに`Tab`キーを押すと選択対象が切り替わります。目的の要素がハイライト表示された状態でクリックすると選択できます。

HINT

[**要素を非表示**]の実行後、図のように平面図だけが表示されます。しかし、3Dの要素だけが表示されてしまった場合、[**一時的に非表示/選択表示**]の[**一時的な非表示/選択表示をリセット**]を実行後、再度3Dの要素の選択からやり直してください。

[3] 平面図を選択し、リボンの[**修正|ファミリへの読み込み**]タブ→[**読み込みインスタンス**]パネル→[**展開**]→[**完全に展開**]をクリックする

[4] 画面右下に警告文が表示されるが、特に気にする必要はない。画面上をクリックすると警告文が非表示になる

サブカテゴリを変更

[1] 展開した平面図の要素❶をすべて選択してから、リボンの[**修正|線分**]タブ→[**サブカテゴリ**]パネルで[**衛生器具**]❷を選択する

HINT

要素をまとめて選択する場合は、「領域選択」を使うと簡単です。要素をドラッグで囲むと選択でき、このとき左から右方向にドラッグすると、ドラッグで描いた枠にすべてが含まれる要素が選択されます。右から左方向にドラッグすると、ドラッグで描いた枠に一部でも含まれる要素すべてが選択されます。

HINT

サブカテゴリでは、ファミリ内の図形に、線の太さ、線の色、線種パターン、マテリアルなどを割り当てられます。自動的に既定のカテゴリに割り当てられますが、サブカテゴリを新たに作成し、割り当てることもできます。

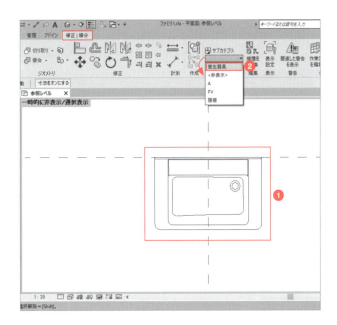

2-4-4 平面図をモデル線分からシンボル線分に変換

分解した線は「モデル線分」になっています。モデル線分のままだと、3Dビューに2D線分が表示されてしまうので、「シンボル線分」に変換します。シンボル線分は平面図や立面図など2D図面にだけ表示されます。

1 平面図の要素をすべて選択し、リボンの[**修正|線分**]タブ→[**編集**]パネル→[**線種を変換**]をクリックする

2 画面右下に警告文が表示されるので、画面上をクリックして、警告文を非表示にする

HINT
エラー警告が表示された場合は、[**要素を削除**]をクリックします。

HINT
「**モデル線分**」は、3D空間に2D線分を表示させるために使う線分です。3Dビューでは必ず表示されます。
「**シンボル線分**」は、特定のビューだけ表示させるために使う線分です。

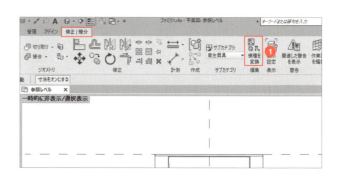

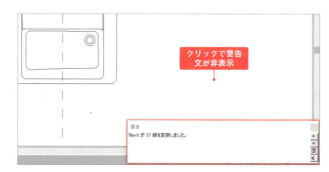

2-4-5 立面図のサブカテゴリを変更してシンボル線分に変換

平面図同様に、正面図、側面図のサブカテゴリを変換し、モデル線分からシンボル線分に変換します。

正面図を変換

1 [**プロジェクトブラウザ**]の[**立面図**]の[**正面**] ❶ をダブルクリックし、[**参照レベル**]タブ ❷ を閉じる

HINT
線種を変換する際、操作中のタブ以外のタブが開いたままになっていると、変換時にエラーが出て、他のビューの2Dデータが削除されることがあります。そのため線種変換を行う際は他のタブは必ず閉じ、1つのタブで作業します。

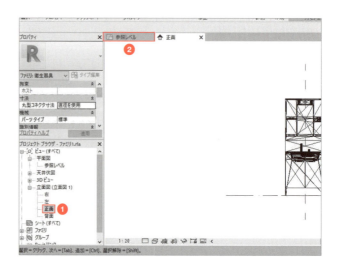

2 「2-4-3 平面図のサブカテゴリを変更」(P.036)と同様に、3Dの要素を非表示にし、正面図の要素を[**完全に展開**]して、サブカテゴリを[**衛生器具**]に変更する。続けて「2-4-4 平面図をモデル線分からシンボル線分に変換」(P.038)と同様に、[**線種を変換**]でシンボル線分に変換する

> **HINT**
> エラー警告が表示された場合は、[**要素を削除**]をクリックします。

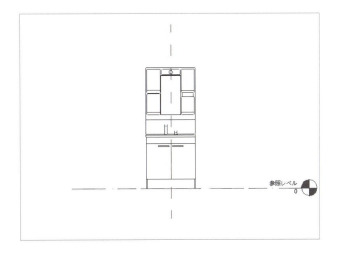

右側面図を変換

1 [**プロジェクトブラウザ**]の[**立面図**]の[**右**]❶をダブルクリックし、[**正面**]タブ❷を閉じる

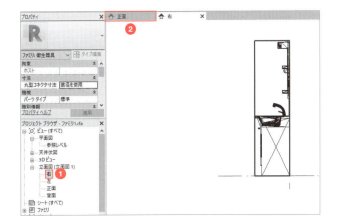

2 「2-4-3 平面図のサブカテゴリを変更」(P.036)と同様に、3Dの要素を非表示にし、右側面図の要素を[**完全に展開**]して、サブカテゴリを[**衛生器具**]に変更する。続けて「2-4-4 平面図をモデル線分からシンボル線分に変換」(P.038)と同様に、[**線種を変換**]でシンボル線分に変換する

> **HINT**
> エラー警告が表示された場合は、[**要素を削除**]をクリックします。

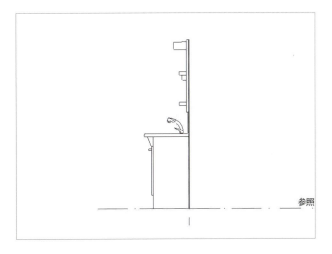

chapter 2-5 マテリアルを設定

読み込んだ3Dデータは、元のDXFデータの色ごとにマテリアルが設定されています。もしも、マテリアルが意図する通りに分かれていない場合は、もとの3D DXFデータの色をAutoCADなどで変更しておきます。

2-5-1 マテリアルを確認

はじめに現在のマテリアルの状態を確認します。

[1] 前節「2-4 **2Dデータを読み込む**」が終わったところから始める。[**クイックアクセスツールバー**]→[**既定の3Dビュー**] ❶ をクリックする

[2] [**ビューコントロールバー**]の[**表示スタイル**] ❷ から[**シェーディング**] ❸ をクリックする

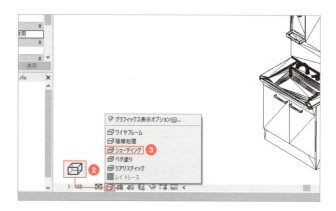

[3] レイヤごとに色が設定されていることが確認できる

2-5-2 蛇口のマテリアルを設定

蛇口にマテリアルを設定します。

1 リボンの[**管理**]タブ→[**設定**]パネル→[**マテリアル**] ❶ をクリックする。[**マテリアルブラウザ**]ダイアログボックスが表示される

HINT
「レンダリング マテリアル 255-255-255」などと数字のついたマテリアルがDXFに設定されている色を示しており、ここでは4色設定されています。ちなみに「レンダリング マテリアル 255-255-255」は、AutoCADの画層0に設定されている白色のことです。

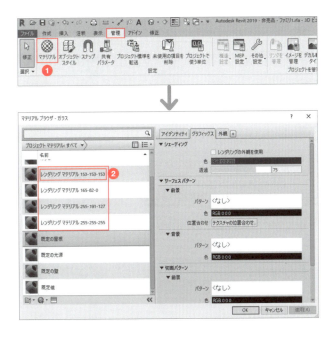

2 「レンダリング マテリアル 255-255-255」以外の3色について、マテリアルを変更する。まず[**レンダリング マテリアル 153-153 -153**] ❷ をクリックして選択する。[**アイデンティティ**]タブ ❸ をクリックする。[**名前**]を[**蛇口**] ❹ に変更する

3 [**外観**]タブ ❺ をクリックし、[**このアセットを置き換えます**] ❻ をクリックする

4 [**アセット ブラウザ**] ❼ が表示される。[**検索**]欄 ❽ に「**クロム**」と入力し、検索する。[**クロム-つや出し**]の右端のボタン ❾ をクリックする

HINT
[**クロム-つや出し**]の右端のボタン は、[**クロム-つや出し**]にカーソルを重ねると表示されます。

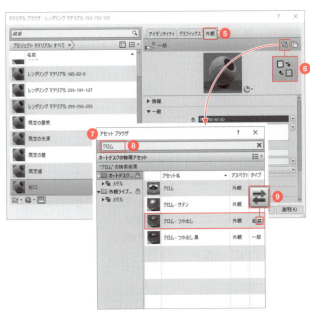

5 蛇口のマテリアルが[**クロム**]に変更される⑩。[**アセット ブラウザ**]の[**×**]をクリックして閉じる

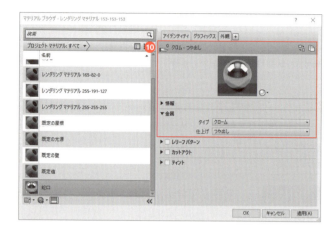

6 [**グラフィックス**]タブ⑪をクリックする。[**シェーディング**]の[**レンダリングの外観を使用**]⑫をチェックし、[**適用**]⑬をクリックする

2-5-3 その他のマテリアルを設定

続けて洗面台と洗面台上部にマテリアルを設定します。

洗面台上部のマテリアルを設定

1 「2-5-2 蛇口のマテリアルを設定」の1～6（P.041）と同様に、[**レンダリング マテリアル 165-82-0**]を設定する。[**アイデンティティ**]タブで[**名前**]は「**洗面台上部**」とする。
[**外観**]タブの[**このアセットを置き換えます**]をクリックする。表示される[**アセットブラウザ**]で「**プラスチック**」と入力して検索し、[**プラスチック-マット(白)**]に設定する。[**グラフィックス**]タブの[**レンダリング外観を使用**]にチェックを入れ、[**適用**]をクリックする

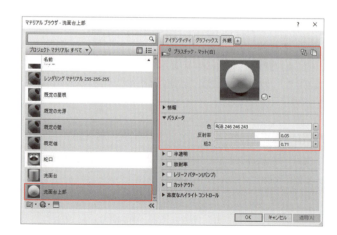

洗面台のマテリアルを設定

1 同様に、[**レンダリング マテリアル 255-191-127**]を設定する。[**名前**]は「**洗面台**」とする。
[**アセットブラウザ**]で「**オフホワイト**」と入力して検索し、[**滑らか-オフホワイト**]に設定する。[**レンダリング外観を使用**]にチェックを入れて[**適用**]をクリックし、[**OK**]をクリックする

2 マテリアルが設定されたのを確認する

chapter 2

6 プレビューを作成して プロジェクトにロード

DXFを読み込んだ際に残っている不要なデータを削除します。またプレビュー(サムネイル表示)の設定を調整してから保存します。最後に作成したファミリをプロジェクトにロードして確認し、終了です。

2-6-1 不要なデータを削除

DXFを読み込んだ際に残っている不要なデータを削除します。

未使用の項目を削除

1 前節「2-5 マテリアルを設定」が終わったところから始める。リボンの[**管理**]タブ→[**設定**]パネル→[**未使用の項目を削除**] ❶ をクリックする

2 [**未使用項目削除**]ダイアログボックスが表示される。[**チェックされた項目**]が「**6**」❷、[**取り除く読み込みカテゴリの追加数**]が「**2**」❸ であることを確認する。確認したら[**OK**]をクリックする

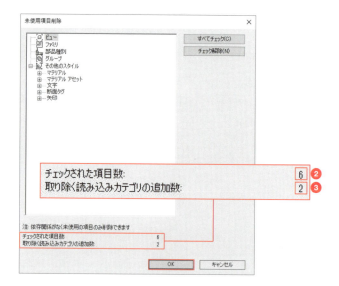

3 不要な項目が削除されたことを確認するために、再度[**未使用の項目を削除**]をクリックする。[**未使用の項目を削除**]ダイアログボックスで[**チェックされた項目**]が「**1**」❹ であることを確認する。確認したら[**OK**]をクリックする

不要なマテリアルを削除

1 不要なマテリアルを削除する。リボンの[**管理**]タブ→[**設定**]パネル→[**マテリアル**]❶をクリックする

2 [**マテリアルブラウザ**]ダイアログボックスが表示される。[**ガラス**]❷を右クリックし、[**削除**]❸をクリックする

3 同様に、[**ポシェ**]、[**レンダリング マテリアル 255-255-255**]、[**既定の屋根**]、[**既定の光源**]、[**既定の壁**]を削除し、[**OK**]をクリックする

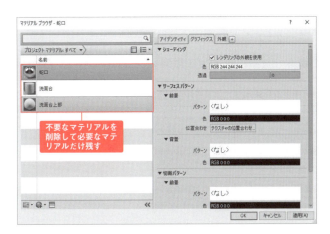

不要なマテリアルを削除して必要なマテリアルだけ残す

2-6-2 プレビューを作成

保存時のプレビュー(サムネイル表示)の設定を調整します。

1 [**プロジェクトブラウザ**]の[**3Dビュー**]の[**+**]をクリックして展開し、[**ビュー1**]❶をダブルクリックする

2 [**ビューキューブ**]❷の[**ホームビュー**]❸をクリックする

HINT

[**ホームビュー**]は、[**ビューキューブ**]付近にカーソルを移動すると表示されます。

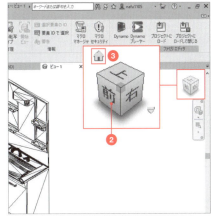

3 [ビューコントロールバー]の[**表示スタイル**]④から[**グラフィックス表示オプション**]⑤をクリックする

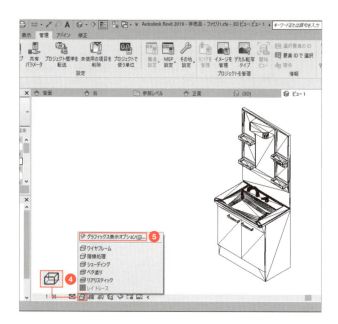

4 [**グラフィックス表示オプション**]ダイアログボックス⑥が表示される。次のように設定する

◆[**モデルを表示**]の[**スタイル**]で[**シェーディング**]⑦を選択する
◆[**エッジを表示**]⑧のチェックを外す
◆[**照明**]の[**環境光**]⑨と[**影**]⑩に「**0**」と入力する

[**適用**]⑪をクリックすると、設定した状態を確認できる⑫。[**OK**]をクリックする

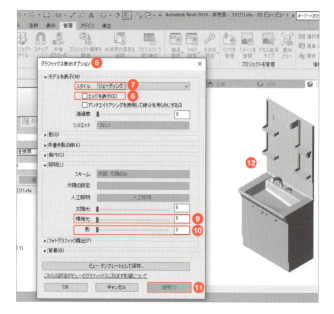

2-6-3 ファミリを名前を付けて保存

「サムネイルプレビュー」として表示されるビューを指定して、保存します。

1 リボンの[**ファイル**]タブ→[**名前を付けて保存**]→[**ファミリ**] ❶ をクリックする

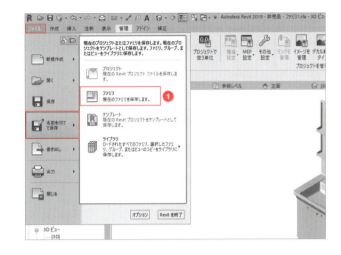

2 [**名前を付けて保存**]ダイアログボックス ❷ が表示される。[**オプション**] ❸ をクリックする

3 [**ファイルの保存オプション**]ダイアログボックス ❹ が表示されるので、次のように設定し、[**OK**] ❼ をクリックする
- [**サムネイルプレビュー**]の[**ソース**]から[**3Dビュー：ビュー1**] ❺ を選択する
- [**ビュー/シートが最新でない場合は再生成**] ❻ にチェックを入れる

4 [**名前を付けて保存**]ダイアログボックスに戻る。[**保存先**] ❽ に任意の位置を指定し、[**ファイル名**]に「**洗面化粧台**」❾ と入力して[**保存**] ❿ をクリックする

これで「**chapter 2 形状だけのファミリを作成**」は終了です。完成ファイルを、「**洗面化粧台.rfa**」として教材データに用意しています。

2-6-4 プロジェクトにロードして確認

作成したファミリをプロジェクトにロードして確認してみましょう。

1 新規のプロジェクトを立ち上げます。リボンの[**ファイル**]タブ→[**新規作成**]→[**プロジェクト**]❶をクリックする

2 [**プロジェクトの新規作成**]ダイアログボックス❷が表示される。[**テンプレートファイル**]から[**建築テンプレート**]❸を選択し、[**OK**]をクリックする

3 ビュータブから[**ビュー1**]❹を選択する

> **HINT**
> [**ビュー1**]は、「洗面化粧台」ファミリのタブです。

4 リボンの[**ファミリエディタ**]パネル→[**プロジェクトにロード**]❺をクリックする

> **HINT**
> リボンの[**ファミリエディタ**]パネルは、すべてのタブで表示されます。

5 自動でプロジェクトのタブ[**レベル1**]に切り替わり、[**洗面化粧台**]ファミリがプロジェクトにロードされる。クリックで配置できる

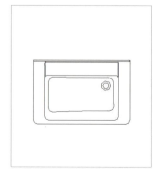

chapter 3

パラメータ設定できるファミリを作成《基本編》

パラメータで幅、奥行き、高さを変更できる棚のファミリを作成します。パラメータを設定し、パラメータに合わせて3D形状を作成します。マテリアルもパラメータで変更できるようにします。

chapter 3-1 パラメータ設定できる棚ファミリを作成する工程

chapter 3では、パラメータで幅、奥行き、高さが変更できる棚ファミリを作成します。幅と奥行きを変更できるパラメータを設定し、パラメータに合わせて3D形状を作成します。マテリアルもパラメータで変更できるように設定します。

3-1-1 STEP 1 | 新規ファミリを作成

新規ファミリを作成します。テンプレートとして「**家具(メートル単位)**」を選択します。

3-1-2 STEP 2 | パラメータと本体を作成

パラメータを設定することを考慮して参照面を作成します。参照面間にパラメータを持たせ、形状を参照面に紐付けすることで、パラメータによるサイズ変更ができるようにします。ここでは棚に関しては外形だけ作成します。

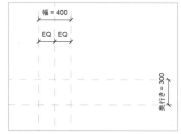

3-1-3 STEP 3 | 参照面を設定

参照面に基準点と優先度を設定することで、プロジェクトにファミリを配置するとき、プロジェクトの壁などに、棚のどの面をスナップさせるか設定できます。

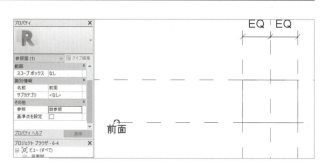

3-1-4 > STEP 4 | ボイドを作成

棚の内側を作成します。棚本体のサイズが変更されても、棚の板厚が常に一定になるよう設定します。

3-1-5 > STEP 5 | 棚板を作成

棚板を2枚、作成します。作成した棚板は、本体サイズが変更されても、棚が3分割される位置に2枚の棚板が配置されるように設定します。

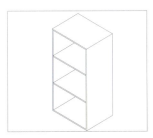

3-1-6 > STEP 6 | プロジェクトへのロード

プロジェクトにロードして、棚が意図した通りにパラメータによる変更ができるか、確認します。

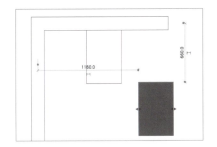

3-1-7 > STEP 7 | マテリアルを設定

棚にマテリアルを設定します。マテリアルにもパラメータを設定して、プロジェクトにロード後、マテリアルを変更できるようにします。

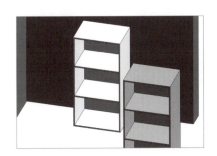

chapter 3

2 新規ファミリを作成

ファミリを作成するときは、まずテンプレート(ひな型)を選択します。ここでは家具カテゴリとして棚を作成するので、テンプレートは「家具(メートル単位)」を選択します。

3-2-1 テンプレートを選択

テンプレートとして「家具(メートル単位)」を選択します。

1 Revitを起動し、[**ホーム**]の[**ファミリ**]の[**新規作成**]をクリックする

HINT

[**ファイル**]メニュー→[**新規作成**]→[**ファミリ**]をクリックしてもかまいません。

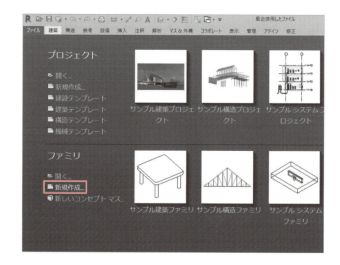

2 [**新しいファミリ-テンプレートファイルを選択**]ダイアログボックスから、[**家具(メートル単位).rft**] ❶ を選択し、[**開く**] ❷ をクリックする。新しいファイルが開く

HINT

ファミリ作成時に選んだテンプレートは、カテゴリに影響します。作成するファミリをどのカテゴリにしたいのかを考えてテンプレートを選択します。
たとえば窓を家具テンプレートで作成すると家具カテゴリに分類されるため、窓として集計することができません。

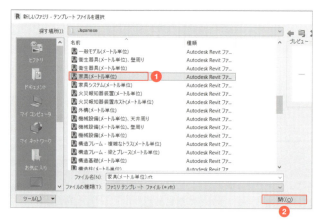

ここまでの完成ファイルを「**3-2.rfa**」として教材データに用意しています。

052

chapter 3 パラメータと本体を作成

はじめに、パラメータを設定することを考慮して参照面を作成します。作成した参照面間にパラメータを持たせ、形状は参照面に紐付けすることで動作するようにします。幅のパラメータは均等に増減、奥行きのパラメータは手前一方方向、高さは棚天端が上下方向に増減するように設定します。

3-3-1 参照面を作成

ここで使用するファイル
3-2.rfa

ここでは、任意の位置に幅方向の参照面2つと奥行き方向の参照面1つを作成します。

1 前節「**3-2 新規ファミリを作成**」が終わったところから始める(教材データの「**3-2.rfa**」を使用してもよい)。[**プロジェクトブラウザ**]の[**平面図**]の[**+**]❶をクリックして展開し、[**参照レベル**]❷が選択されていることを確認する。また、[**参照レベル**]タブ❸が開いていることを確認する

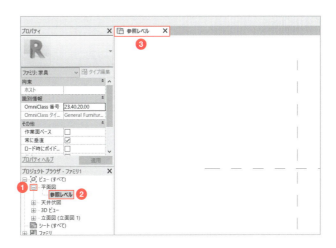

HINT

[参照レベル]には、はじめから[**参照面：参照面：中心(正面/背面)**]と[**参照面：参照面：中心(左/右)**]の「**参照面**」が用意されています。参照面は、2D CADでの基準線や中心線と同じような役割を持つと考えてください。3D CADなので参照「面」と呼びます。

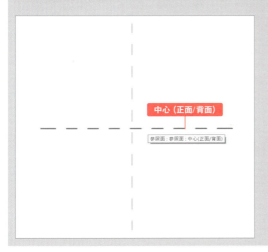

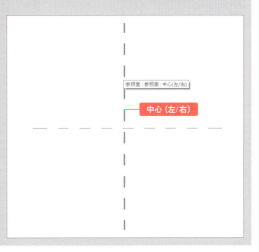

| 2 | リボンの[**作成**]タブ→[**基準面**]パネル→[**参照面**]をクリックする |

| 3 | [**中心(左/右)**]参照面の左側で始点❹と終点❺をクリックし、垂直の参照面❻を作成する |

| 4 | 同様に[**中心(左/右)**]参照面の右側にも垂直の参照面❼を作成する |

| 5 | [**中心(正面/背面)**]参照面の下側で始点❽と終点❾をクリックし、水平の参照面❿を作成する |

HINT
参照面は任意の位置でかまいません。次項で正確な位置に修正します。

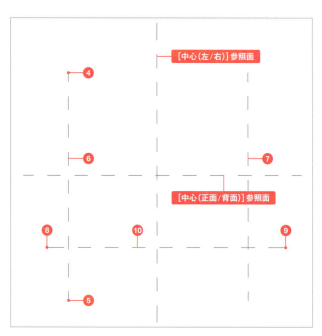

3-3-2 均等テキストラベル(EQ)を設定

参照面の間隔が均等になるようサイズ変更するため、寸法を作成し、均等テキストラベル(EQ)を設定します。

| 1 | リボンの[**注釈**]タブ→[**寸法**]パネル→[**平行寸法**]❶をクリックする |

| 2 | 図の❷→❸→❹の順に参照面をクリックする |

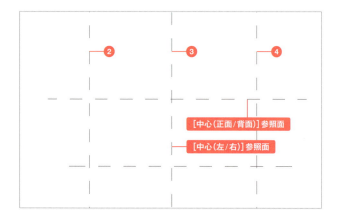

| 3 | 現在の寸法が入力されるので、任意の位置でクリックして表示位置を確定する |

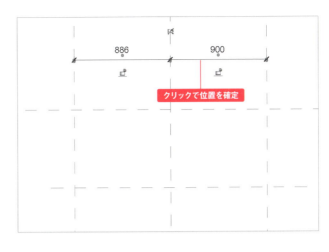

HINT
参照面は任意の位置で作成しているため、寸法値は図のとおりではありません。

| 4 | 中心を基準として均等になるようサイズ変更するために、寸法付近にある[**EQ**]マークをクリックする。寸法値が[**EQ**]に変わり、左右の寸法が対称に変更される |

| 5 | 図の❺→❻の順に参照面をクリックする |

| 6 | 全体の寸法が入力されるので、任意の位置❼でクリックして表示位置を確定する |

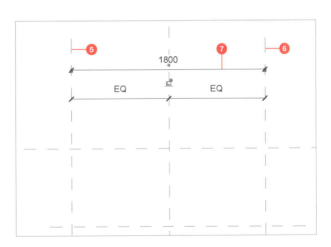

| 7 | リボンの[**修正**]をクリックする |

HINT
リボンの[**選択**]パネルにある[**修正**]ツールは、すべてのタブでリボンの一番左に表示されます。以降、本書ではこの操作指示を『リボンの[**修正**]をクリック』と表記します。

3-3-3 幅と奥行きのパラメータを設定

幅と奥行きのパラメータを設定します。まずは幅のパラメータを設定します。

幅のパラメータを設定

1. 全体の寸法をクリックして選択する

2. リボンの[**修正|寸法**]タブ→[**寸法にラベルを付ける**]パネル→[**パラメータを作成**]をクリックする

3. [**パラメータプロパティ**]ダイアログボックスが表示される。次のように設定し、[**OK**]をクリックする
   - [**パラメータデータ**]の[**名前**]に「**幅**」と入力する
   - [**インスタンス**]を選択する
   - [**パラメータグループ**]が[**寸法**]であることを確認する

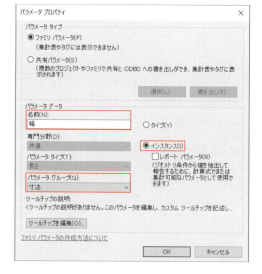

> **HINT**
> [**インスタンス**]を選ぶとインスタンスパラメータが、[**タイプ**]を選ぶとタイプパラメータが設定されます。両者の違いについてはP.082を参照してください。

4. 全体の寸法値に、「**幅=**」と追加されたことを確認する

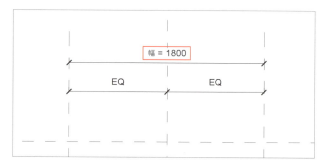

奥行きの寸法を作成

1 リボンの[**注釈**]タブ→[**寸法**]パネル→[**平行寸法**]をクリックする

2 図の❶→❷の順に参照面をクリックする。全体の寸法が入力されるので、任意の位置❸でクリックして表示位置を確定する

3 リボンの[**修正**]をクリックして、コマンドを終了する

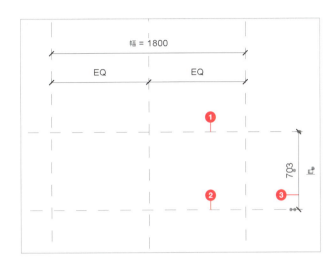

奥行きのパラメータを設定

1 図の奥行きの寸法をクリックして選択する

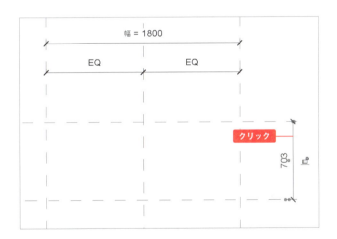

2 リボンの[**修正|寸法**]タブ→[**寸法にラベルを付ける**]パネル→[**パラメータを作成**]をクリックする

3 [**パラメータプロパティ**]ダイアログボックスが表示される。次のように設定し、[**OK**]をクリックする

◆ [**パラメータデータ**]の[**名前**]に「**奥行き**」と入力する
◆ [**タイプ**]が選択されていることを確認する
◆ [**パラメータグループ**]が[**寸法**]であることを確認する

4 寸法値に、「**奥行き＝**」と追加されたことを確認する

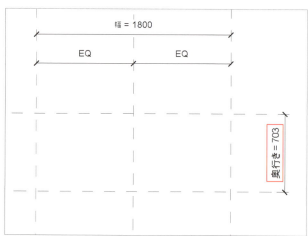

3-3-4 パラメータの動作を確認

パラメータを設定したら、指定したサイズで参照面が移動するか、動作を確認します。

1 リボンの[**作成**]タブ→[**プロパティ**]パネル→[**ファミリタイプ**]をクリックする

HINT

[**ファミリタイプ**]アイコンのある[**プロパティ**]パネルは、[**作成**]タブと[**修正**]タブどちらにもあります。2つのタブともにアイコンの配置も同じです。以降はリボンの[**作成**]タブ→[**プロパティ**]パネル→[●●]と記載しますが、[**作成**]タブと[**修正**]タブどちらのタブで実行してもかまいません。

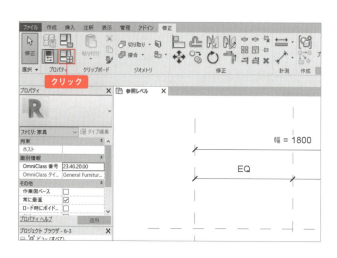

2 [ファミリタイプ]ダイアログボックスが表示される。[寸法]グループの[幅]に「400」①、[奥行き]に「300」②と入力し、[適用]③をクリックする

HINT

[ファミリタイプ]ダイアログボックスでは、左下にあるアイコンを使ってパラメータを並べ替えられます。昇順は④をクリック、降順は⑤をクリック、任意に並べ替えるにはパラメータを選択し、⑥または⑦をクリックします。

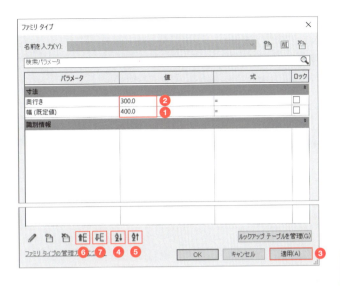

3 [幅]が中心を基準に400、[奥行き]が300になっていることを確認する。確認したら、[ファミリタイプ]ダイアログボックスの[OK]をクリックする

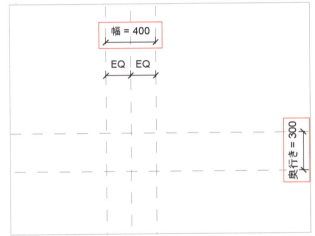

3-3-5 本体を作成

幅を奥行きのパラメータを作成したので、ここで棚の本体を作成します。本体のスケッチラインは、先に作成している参照面とロックして紐付けします。

1 リボンの[作成]タブ→[フォーム]パネル→[押し出し]をクリックする

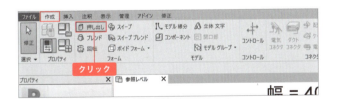

2 リボンの[修正｜作成 押し出し]タブ→[描画]パネル→[長方形]をクリックする

3 図の❶→❷とクリックし、図のような長方形のスケッチラインを作成する

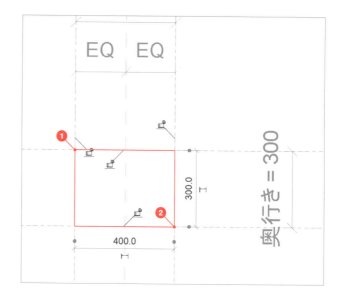

4 それぞれの南京錠のマーク（以降ロック記号）をクリックし、参照面をロックする

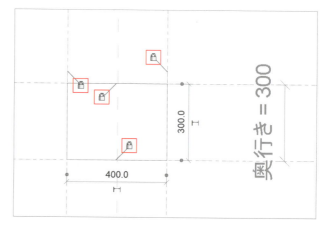

HINT

スケッチライン（画面上ピンクの線）を参照面にロックすると、参照面の移動に伴いスケッチラインも移動します。
ロックを忘れてスケッチラインの作成を終了してしまったときは、各参照面とスケッチラインをそれぞれ[位置合わせ]することでロックが可能です。

5 [**プロパティ**]パレットで[**押出 終端**]に「**880**」❸、[**押出 始端**]に「**0**」❹と入力し、[**適用**]❺をクリックする

6 リボンの[**修正｜作成 押し出し**]タブ→[**モード**]パネル→[**編集モードを終了**]をクリックする

| 7 | [**クイックアクセスツールバー**]の[**既定の3Dビュー**]をクリックし、3Dビューで形状を確認する |

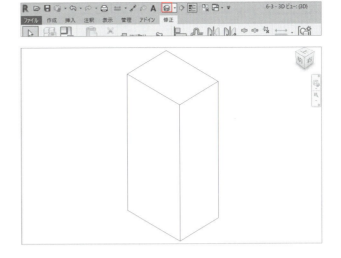

3-3-6 高さのパラメータを設定

幅や奥行きと同様に、高さにもパラメータを設定します。

高さの参照面を作成

| 1 | [**プロジェクトブラウザ**]で[**立面図**]の[**+**]をクリックして展開し、[**正面**]をダブルクリックする |

| 2 | リボンの[**作成**]タブ→[**基準面**]パネル→[**参照面**]をクリックする |

| 3 | 本体の上部の任意の位置で始点と終点をクリックして、水平の参照面を作成する |

| 4 | リボンの[**修正**]をクリックする |

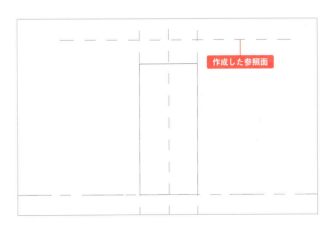

本体上部と参照面を揃える

1. [**修正**]タブ→[**修正**]パネル→[**位置合わせ**]をクリックする

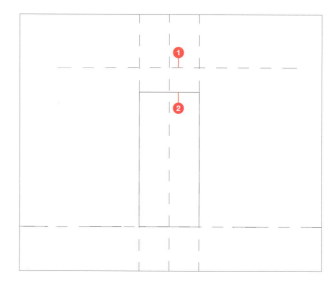

2. 揃える位置として参照面❶をクリックし、揃える図形としてオブジェクトの上端❷をクリックする

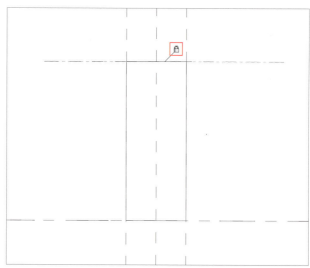

3. 参照面とオブジェクトの上辺の位置が揃うので、ロック記号をクリックしてロックする

高さの寸法を作成

1. リボンの[**注釈**]タブ→[**寸法**]パネル→[**平行寸法**]をクリックする

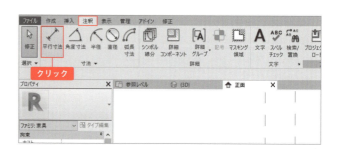

| 2 | 図の❶→❷の順に参照面をクリックする。全体の寸法が入力されるので、任意の位置❸でクリックして表示位置を確定する |

| 3 | リボンの[**修正**]をクリックする |

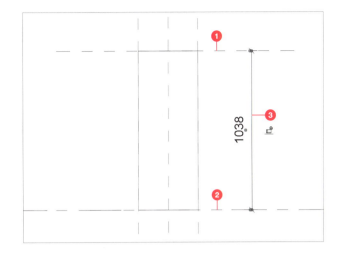

高さのパラメータを設定

| 1 | 図の高さの寸法をクリックして選択する |

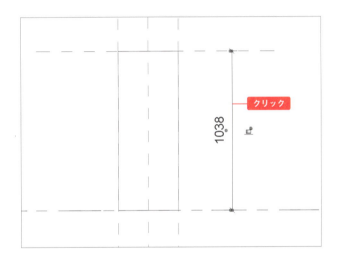

| 2 | リボンの[**修正|寸法**]タブ→[**寸法にラベルを付ける**]パネル→[**パラメータを作成**]をクリックする |

| 3 | [**パラメータプロパティ**]ダイアログボックスが表示される。次のように設定し、[**OK**]をクリックする |

◆ [**パラメータデータ**]の[**名前**]に「**高さ**」と入力する
◆ [**タイプ**]が選択されていることを確認する
◆ [**パラメータグループ**]が[**寸法**]であることを確認する

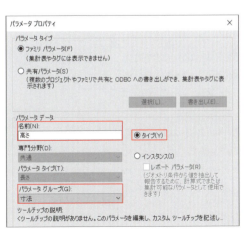

| 4 | 高さの寸法値に、「**高さ＝**」と追加されたことを確認する

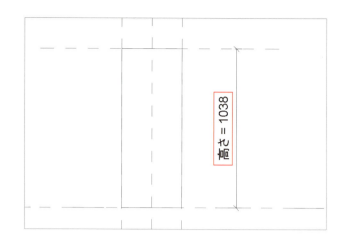

高さのパラメータの動作を確認

| 1 | リボンの[**作成**]タブ→[**プロパティ**]パネル→[**ファミリタイプ**]をクリックする

| 2 | [**ファミリタイプ**]ダイアログボックスが表示される。[**寸法**]グループの[**高さ**]に「**800**」❶ と入力し、[**適用**] ❷ をクリックする

| 3 | [**高さ**]が800になっていることを確認する。確認したら、[**ファミリタイプ**]ダイアログボックスの[**OK**]をクリックする

ここまでの完成ファイルを「**3-3.rfa**」として教材データに用意しています。

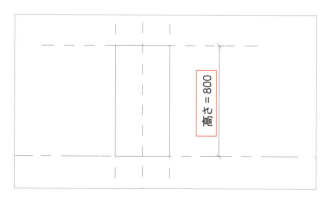

chapter 3

4 参照面を設定

参照面に名前を付けたり、基準点を設定したり、強・弱・なしの優先度を設定することで、ファミリ作成時やプロジェクト挿入時に便利になります。

3-4-1 > 参照面に名前を付ける

ここで使用するファイル
3-3.rfa

参照面に名前を付けることで、作業面を設定する際、名前で選択することができます。また、参照面が多いときに識別しやすくなります。

[1] 前節「**3-3 パラメータと本体を作成**」が終わったところから始める(教材データの「**3-3.rfa**」を使用してもよい)。[**プロジェクトブラウザ**]の[**参照レベル**] をダブルクリックして選択する

HINT
ビューを切り替えるタブで、[**参照**]タブ ❷ をクリックしても切り替えられます。

[2] 図の一番下の参照面 ❸ をクリックして選択する

[3] 参照面に[**クリックして名前を指定**] ❹ と表示されるので、クリックして「**前面**」と入力する

HINT
[**クリックして名前を指定**]は、参照面の両端に表示されますが、どちらをクリックして入力しても結果は同じです。
また、[**プロパティ**]パレットの[**識別情報**]の[**名前**]に「前面」と入力しても同様です。

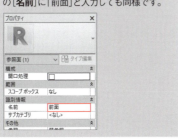

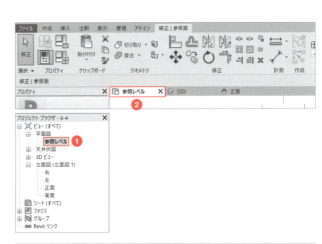

3-4-2 基準点を定義

基準点を定義すると、プロジェクト挿入時の挿入基準点（面）が設定できます。ここでは、棚背面の中心を基準点にします。

[1] 水平の基準点として、[**中心(正面/背面)**]参照面❶をクリックして選択する

[2] [**プロパティ**]パレットで、[**その他**]の[**基準点を設定**]❷にチェックが入っていることを確認する

> **HINT**
> ファミリのプロジェクトへの挿入基準点は、初期設定では[**中心(左/右)**]の参照面と[**中心(正面/背面)**]の参照面の交点となっています。基準位置を変更したい場合は別の参照面を選択し、[**基準点を設定**]のチェックを入れ直します。

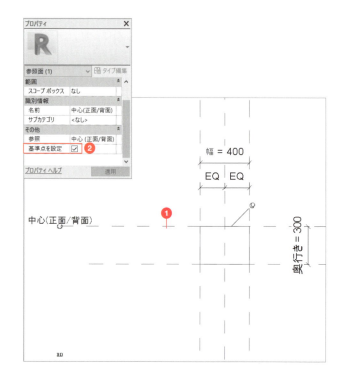

[3] 垂直の基準点として、[**中心(左/右)**]参照面❸をクリックして選択する

[4] [**プロパティ**]パレットで、[**その他**]の[**基準点を設定**]❹にチェックが入っていることを確認する

[5] 参照面の選択を解除する

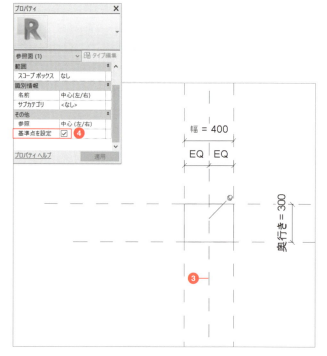

3-4-3 参照の優先度を定義

[参照]で優先度を設定します。挿入時のスナップ操作補助や仮寸法、寸法入力の基準とすることができます。

1. 左❶と右❷の参照面を、Ctrlキーを押しながらクリックして選択する

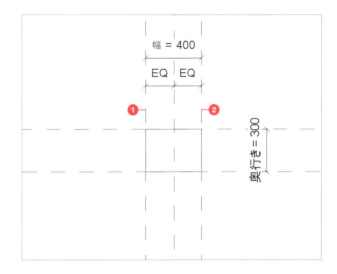

2. [プロパティ]パレットで、[その他]の[参照]から[強参照]❸を選択する

3. [前面]参照面❹をクリックする。[プロパティ]パレットで、[その他]の[参照]が[弱参照]❺であることを確認する

HINT

[強参照]に設定すると、ファミリ挿入時に壁や基準線などにスナップします。また、仮寸法や寸法入力の基準となります。
[弱参照]に設定すると、スナップはしませんが、仮寸法や寸法入力の基準となります。
[参照なし]にするとスナップせず、仮寸法や寸法入力の基準にもなりません。

ここまでの完成ファイルを「**3-4.rfa**」として教材データに用意しています。

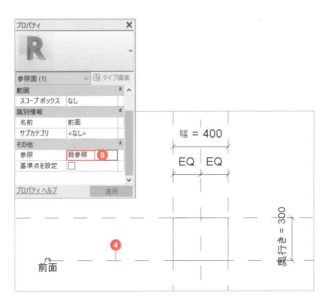

chapter 3

5 ボイドを作成

棚部分の板の厚みを10mmにするため、棚部分の10mm内側に「ボイド」と呼ばれる空間を作成します。ソリッド(Solid=「中身の詰まった」の意)図形に穴を開けたい場合などに、ボイド(Void=「中身がない」「真空空間」の意)を作成します。

3-5-1 　棚部分の穴を作成

ここで使用するファイル
3-4.rfa

まず、ボイドの形状を作成します。あとから本体との間隔を固定するので、サイズは任意で作成します。

1 前節「**3-4 参照面を設定**」が終わったところから始める(教材データの「**3-4.rfa**」を使用してもよい)。[**プロジェクトブラウザ**]の[**立面図**]→[**正面**]をダブルクリックする

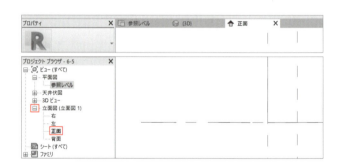

2 リボンの[**作成**]タブ→[**作業面**]パネル→[**セット**]をクリックする

3 [**作業面**]ダイアログボックスが表示される。[**新しい作業面を指定**]の[**名前**]で[**参照面：前面**]を選択し、[**OK**]をクリックする

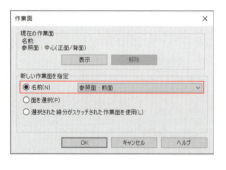

4 リボンの[**作成**]タブ→[**フォーム**]パネル→[**ボイドフォーム**]→[**押し出し**]をクリックする

5 リボンの[**修正|作成 押し出し(ボイド)**]タブ→[**描画**]パネル→[**長方形**]をクリックする

6 図のように、本体の内側に任意のサイズの長方形(ボイド)を作成する

7 リボンの[**修正**]をクリックする

HINT
近接した太い線が重なり合って見にくくなるのを防ぐため、以降の掲載画面は細線表示にしています。ズームにかかわらず、すべての線分を細線で表示するには、[**表示**]タブ→[**グラフィックス**]パネル→[**細線**]をクリックします。

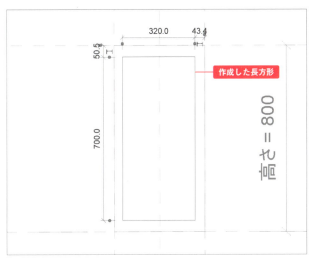

本体とボイドの間に寸法を入力します。上下左右すべて10mmとして、ロックします。

8 ボイドのいずれか1辺(図では上辺)をクリックして選択、仮寸法が表示されたら本体とボイドの間の寸法値をクリックし、「**10**」と入力する

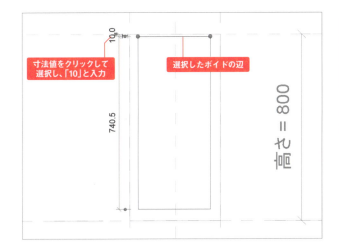

9 **8**と同様の操作で、残りの3辺についても、本体とボイドの間隔を10にする

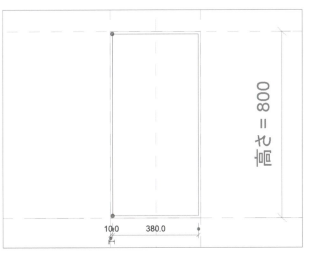

|10| リボンの[注釈]タブ→[寸法]パネル→[平行寸法]をクリックする

|11| 本体のいずれか1辺❶とボイドの1辺❷を順にクリックし、任意の位置❸をクリックして寸法位置を確定する(図では本体、ボイドの上辺で作成している)

|12| ❹ロック記号をクリックしてロックする

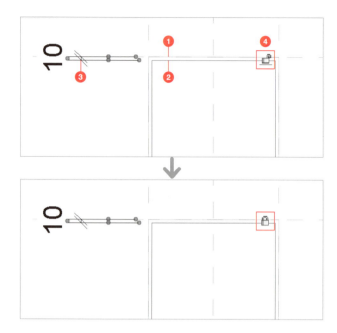

|13| |11|~|12|と同様の操作で、残りの3辺についても、それぞれのロック記号をクリックしてロックする

|14| リボンの[修正]をクリックする

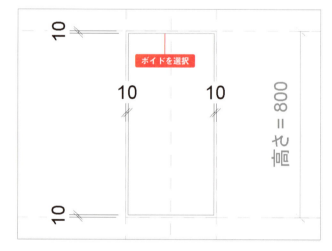

|15| [プロパティ]パレットで、[押出 終端]に「**290**」、[押出 始端]に「**0**」と入力し、[適用]をクリックする

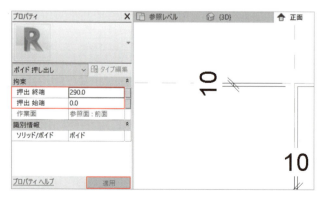

070

| 16 | リボンの[**修正|作成 押し出し(ボイド)**]タブ→[**モード**]パネル→[**編集モードを終了**]をクリックする

| 17 | [**クイックアクセスツールバー**]の[**既定の3Dビュー**]をクリックし、形状を確認する

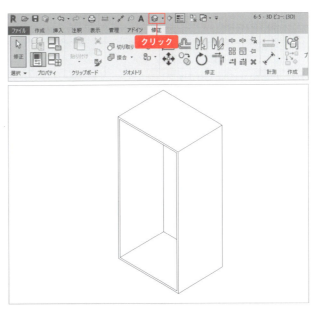

| 18 | [**プロジェクトブラウザ**]の[**平面図**]→[**参照レベル**]をダブルクリックする

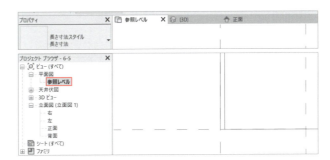

| 19 | 10〜12と同様の操作で、図❺〜❼の3辺についても、ボイドで削られた部分と本体部分の間に[**平行寸法**]コマンドで寸法を作成し、ロックする

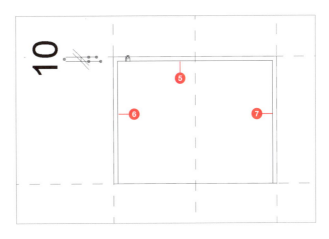

3-5-2 パラメータを変えて動作を確認

本体のパラメータを変化させて、ボイドと本体の間隔の10mmが維持されるかを確認します。

1 [**クイックアクセスツールバー**]の[**既定の3Dビュー**] ❶ をクリックする

2 リボンの[**作成**]タブ→[**プロパティ**]パネル→[**ファミリタイプ**] ❷ をクリックする

3 [**ファミリタイプ**]ダイアログボックスでパラメータを変更する。たとえば、[**奥行き**]を「**800**」、[**高さ**]を「**300**」に変更し、[**適用**]をクリックする

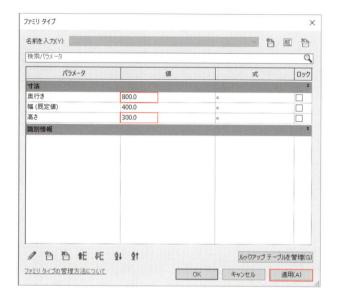

4 [**奥行き**]や[**高さ**]が変更されること、変更しても本体とボイドの間隔が一定なのを確認する。確認したら変更した数値を元に([**奥行き**]:「**300**」、[**高さ**]:「**800**」)に戻し、[**ファミリタイプ**]ダイアログボックスの[**OK**]をクリックする

ここまでの完成ファイルを「**3-5.rfa**」として教材データに用意しています。

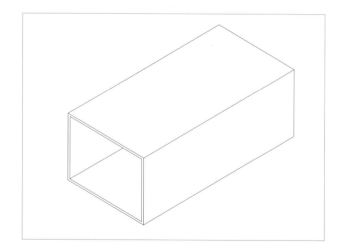

chapter 3-6 棚板を作成

本体の棚部分に穴を開けたので、次にその空間を均等に3分割するための厚さ10mmの棚板を作成します。

3-6-1 3分割する参照面を作成

ここで使用するファイル：3-5.rfa

まず、3分割するための参照面を作成します。作成した参照面は、本体の高さが変わっても均等に3分割されるように設定します。

1 前節「**3-5 ボイドを作成**」が終わったところから始める（教材データの「**3-5.rfa**」を使用してもよい）。[**プロジェクトブラウザ**]の[**立面図**]→[**正面**]をダブルクリックする

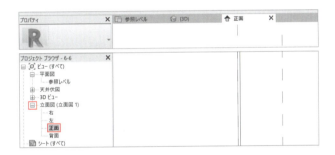

2 リボンの[**作成**]タブ→[**基準面**]パネル→[**参照面**]をクリックする

3 図で示すように2つの参照面を作成し、上から「**1**」、「**2**」と名前を付ける（作成位置は任意）

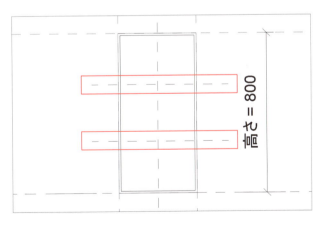

4 リボンの[**注釈**]タブ→[**寸法**]パネル→[**平行寸法**]をクリックする

| 5 | ❶→❷→❸→❹の順に参照面をクリックし、さらに任意の位置でクリックして寸法を作成する |

| 6 | [**EQ**]マーク❺をクリックし、各参照面の間を等間隔にする |

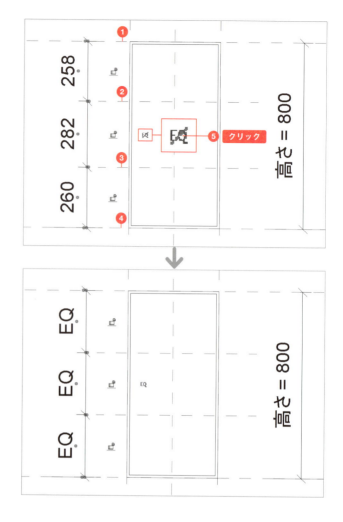

3-6-2 棚板を作成

作成した参照面に合わせて棚板を作成します。棚板の厚さは10mm固定ですが、大きさは本体の大きさに合わせて変化するように設定します。

| 1 | [**プロジェクトブラウザ**]の[**平面図**]→[**参照レベル**]をダブルクリックする |

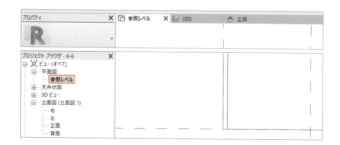

| 2 | リボンの[**作成**]タブ→[**作業面**]パネル→[**セット**]をクリックする |

3 [**作業面**]ダイアログボックスが表示される。[**新しい作業面を指定**]の[**名前**]で[**参照面：1**]を選択し、[**OK**]をクリックする

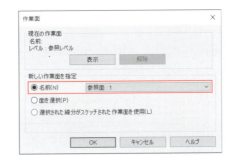

4 リボンの[**作成**]タブ→[**フォーム**]パネル→[**押し出し**]をクリックする

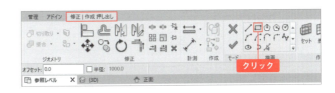

5 リボンの[**修正｜作成 押し出し**]タブ→[**描画**]パネル→[**長方形**]をクリックする

6 本体の内側に図のような、棚板の元形状となる長方形を作成する

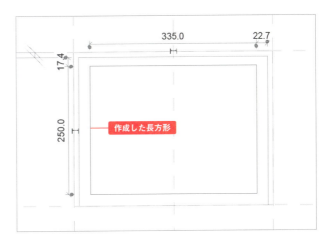

7 リボンの[**修正｜作成 押し出し**]タブ→[**修正**]パネル→[**位置合わせ**]をクリックする

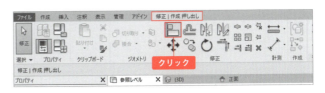

8 図の❶→❷の順にクリックして位置を合わせる（❶はボイドの線、❷は 6 で作成した長方形の線）

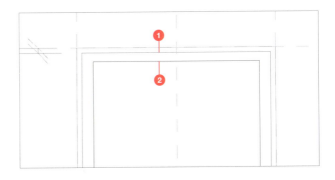

9 ボイドと棚板の上辺の位置が揃うので、ロック記号をクリックしてロックする

10 同様に残りの3辺も位置を合わせてロックする。このとき、下辺は本体に位置を合わせてロックする

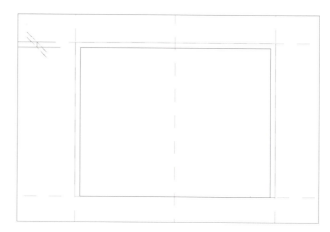

11 棚板に10mmの厚さを与える。[**プロパティ**]パレットで、[**押出 終端**]に「**10**」、[**押出 始端**]に「**0**」と入力し、[**適用**]をクリックする

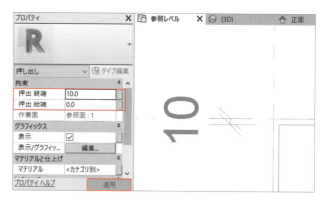

12 リボンの[**修正|作成 押し出し**]タブ→[**モード**]パネル→[**編集モードを終了**]をクリックする

13 ②〜⑫と同様の操作で(作業面は[**参照面:2**]に変更)、2段目の棚を作成する

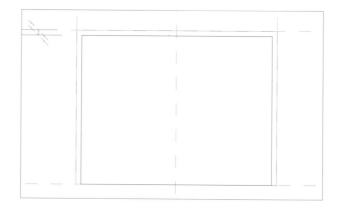

14 [**クイックアクセスツールバー**]の[**既定の3Dビュー**]をクリックし、形状を確認する

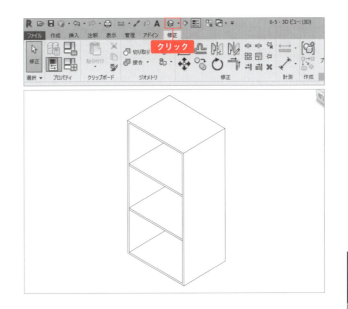

15 P.072の 2 ～ 4 と同様の方法で、[**ファミリタイプ**]でパラメータ値を変更し、形状を確認する（図は奥行きを「**800**」、高さを「**300**」に変更した場合）。数値を変更した場合は元のパラメータ値（[**奥行き**]:「**300**」、[**高さ**]:「**800**」）に戻しておく

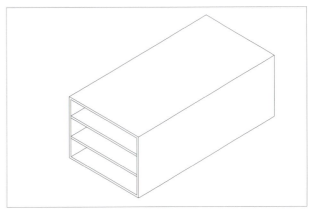

3-6-3 ファイルを保存

作成したデータに「棚」という名前を付けてファミリデータとして保存します。

1 リボンの[**ファイル**]タブ→[**名前を付けて保存**]→[**ファミリ**]をクリックする

2 [**名前を付けて保存**]ダイアログボックスでは、[**保存先**]は任意、[**ファイル名**]を「**棚**」❶ とし、[**ファイルの種類**]が[**ファミリファイル（*.rfa）**] ❷ であることを確認して、[**保存**] ❸ をクリックする

ここまでの完成ファイルを「**棚.rfa**」として教材データに用意しています。

chapter 3-7 プロジェクトへのロード

作成した棚をプロジェクトにロードし、動作を確認します。

3-7-1 プロジェクトファイルを新規作成

プロジェクトファイルを新規作成します。

1. 前節「3-6 棚板を作成」が終わったところから始める。リボンの[**ファイル**]タブ→[**新規作成**]→[**プロジェクト**]をクリックする

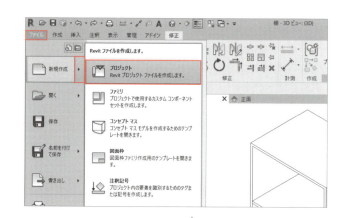

2. [**プロジェクトの新規作成**]ダイアログボックスが表示される。[**テンプレートファイル**]から[**建築テンプレート**]を選択し、[**OK**]をクリックする。建築テンプレートに基づいて新しいプロジェクトが作成される

3-7-2 壁を作成

動作確認のために、任意の種類、サイズの壁を作成します。

1. リボンの[**建築**]タブ→[**構築**]パネル→[**壁**]をクリックする

2 図のように壁を作成する（壁の種類、サイズの指定は特になし）

3 リボンの[**修正**]をクリックする

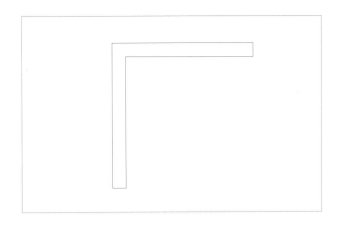

3-7-3 ＞ ファミリをプロジェクトにロード

作成した棚のファミリをプロジェクトにロードします。

1 リボンの[**表示**]タブ→[**ウィンドウ**]パネル→[**ウィンドウを切り替え**] ❶ をクリックする。プルダウンメニューから[**棚.rfa- 平面図：参照レベル**] ❷ をクリックし、画面を切り替える

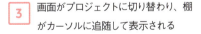

HINT

プルダウンメニューに[**棚.rfa-平面図：参照レベル**]が表示されていない場合は、「棚.rfa」ファイルを開いて、[**プロジェクト**]ブラウザで[**平面図**]の[**参照レベル**]に切り替えてください。

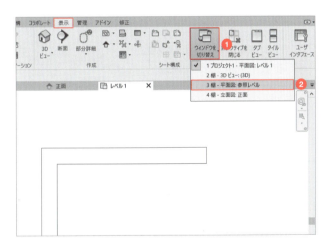

2 リボンの[**ファミリエディタ**]パネル→[**プロジェクトにロード**]をクリックする

3 画面がプロジェクトに切り替わり、棚がカーソルに追随して表示される

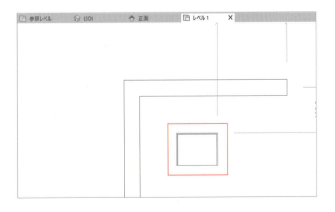

| 4 | [**強参照**]に設定された背面、右面、左面が壁にスナップすることと、基準点に定義した背面が挿入基準点になっていることを確認する |

| 5 | 壁にスナップさせて任意の位置でクリックして棚を配置❸する |

| 6 | リボンの[**修正**]をクリックする |

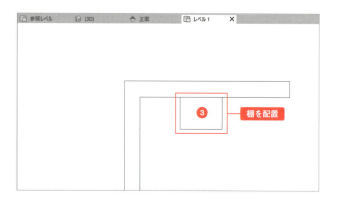

3-7-4 パラメータの動作を確認

ファミリ作成で設定した「幅」や「奥行き」のパラメータが動作するかを確認します。

| 1 | 挿入した棚をクリックして選択❶する |

| 2 | [**プロパティ**]パレットの[**タイプ編集**]❷をクリックする |

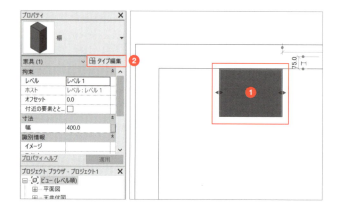

| 3 | [**タイププロパティ**]ダイアログボックスが表示される。[**奥行き**]の値を任意の値(図では「**600**」)❸に変更し、[**適用**]❹をクリックする |

| 4 | 壁側が固定されたまま寸法が変更されることを確認する。[**タイププロパティ**]ダイアログボックスで[**奥行き**]の値を「**300**」に戻し、[**OK**]をクリックする |

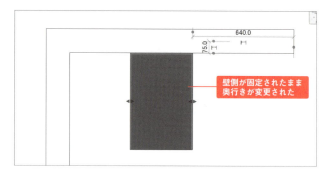

080

5 幅方向に青い三角形の形状ハンドルが表示される。これを任意の位置にドラッグすると、幅方向のみサイズが変更されることを確認する

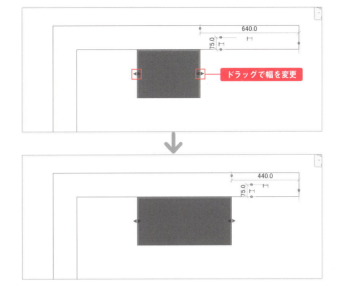

6 プロパティパレットで[**幅**]の値を確認する。5 で形状ハンドルを使って変更をしたため、「**400**」以外の値になっている。幅を「**400**」に戻し、[**適用**]をクリックする

HINT

[**プロパティ**]パレットで幅を「400」に戻すと、棚の幅は元に戻りますが、位置はずれます。これは、[**プロパティ**]パレットで幅を変更した場合、棚の左右中央を基準に伸び縮みするためです。

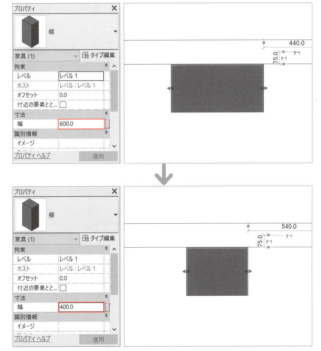

3-7-5 タイプパラメータとインスタンスパラメータの違い

タイプパラメータとインスタンスパラメータの違いを確認します。

1 リボンの[**建築**]タブ→[**構築**]パネル→[**コンポーネント**]をクリックする

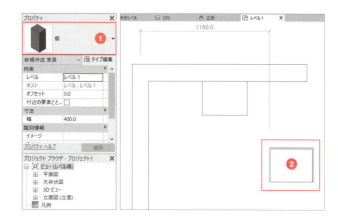

2 [**プロパティ**]パレットの[**タイプセレクタ**]で[**棚**]❶ が選択されていることを確認する

3 もう1個の棚を任意の位置に配置❷ する

4 リボンの[**修正**]をクリックする

タイプパラメータを変更してみます。

5 どちらかの棚(ここでは 3 で配置した棚)❸ をクリックして選択する

6 [**プロパティ**]パレットの[**タイプ編集**]❹ をクリックする

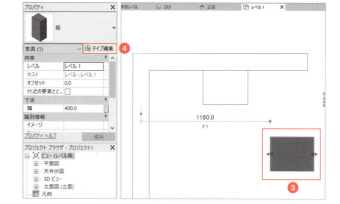

7 [**タイププロパティ**]ダイアログボックスが表示される。[**奥行き**]の値を任意の値(図では「**600**」)❺ に変更し、[**OK**]をクリックする

8 両方の棚の大きさが変更されることを確認する

HINT

タイププロパータの値は、[**タイププロパティ**]ダイアログボックスで変更が可能です。値を変更することにより、プロジェクト内で使用されているすべての同じタイプのファミリに反映されます。

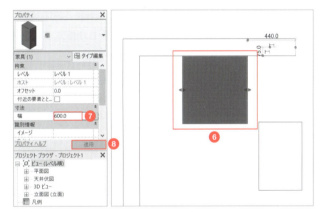

次に、インスタンスパラメータを変更してみます。

9 どちらかの棚(ここでは先に配置した棚) ❻ をクリックして選択する

10 [**プロパティ**]パレットで[**幅**]の値を任意の値(図では「**600**」) ❼ に変更し[**適用**] ❽ をクリックする。選択した棚だけ大きさが変更されることを確認する

操作後、幅400、奥行き300、高さ800に戻しましょう(元のサイズに戻さなくても、以降の操作をすることはできます)。

HINT

インスタンスパラメータの値は、[**プロパティ**]パレットで変更できます。値を変更すると、選択したオブジェクトにのみ反映されます。また、クリックすると青い形状ハンドルが表示されます。

HINT

インスタンスパラメータからタイプパラメータへの変更は、ファミリ側で行います。インスタンスパラメータを設定した寸法を選択すると、図のように[**寸法にラベルを付ける**]パネルで[**インスタンスパラメータ**]にチェックが付いています。このチェックを外すと、タイプパラメータに変更されます。タイプパラメータの場合は[**インスタンスパラメータ**]にチェックを入れると、インスタンスパラメータに変更されます。

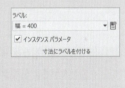

chapter 3

8 マテリアルを設定

プロジェクト内で棚の色や質感を任意に変更できるよう、棚にマテリアル（質感）パラメータを設定します

3-8-1 マテリアルを作成

ファミリファイルのマテリアルは必要最小限しか用意されていません。そこで、確認用マテリアルを作成します。マテリアルはファミリ側で作成します。

1 前節「**3-7 プロジェクトへのロード**」が終わったところから始める。どちらかの棚をダブルクリックし、棚ファミリのビューに戻る。リボンの[**管理**]タブ→[**設定**]パネル→[**マテリアル**]をクリックする

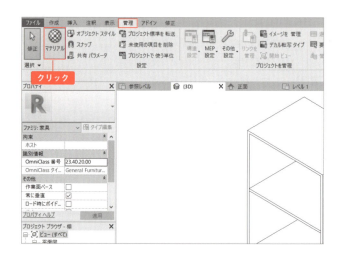

2 [**マテリアルブラウザ**]ダイアログボックスが表示される。[**ライブラリパネル**]❶の左のツリーリストから、[**AECマテリアル**]→[**その他**]❷を選択する

> **HINT**
> ライブラリパネルが表示されていない場合は、[**プロジェクトマテリアル**]の右にある □❸をクリックしてください。

3 [**ライブラリパネル**]の右のリストで[**ペイント**]❹を選択し、⬆❺をクリックする。[**プロジェクトマテリアル**]に[**ペイント**]❻が追加される

| 4 | [**マテリアルブラウザ**]ダイアログボックスの右側で[**グラフィックス**]タブをクリックする。[**シェーディング**]の[**レンダリングの外観を使用**]にチェックを入れ、[**OK**]をクリックする |

HINT

[レンダリングの外観を使用]にチェックを入れると、外観で設定した色情報がシェーディング時に表現されます。チェックを入れずに任意の色を設定することも可能です。

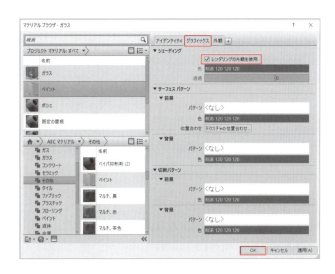

3-8-2 マテリアルを設定

作成したマテリアルを棚に設定し、色が変更されることを確認します。

| 1 | 3Dビューになっていない場合は[**クイックアクセスツールバー**]の[**既定の3Dビュー**] ❶ をクリックする。[**ビューコントロールバー**]の[**表示スタイル**] ❷ から[**シェーディング**] ❸ を選択し、シェーディング表示にする |

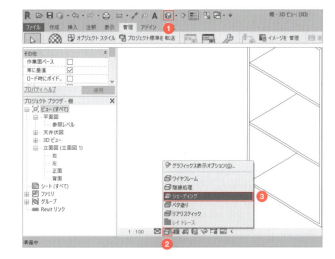

| 2 | 棚 ❹ と棚板2枚 ❺ と ❻ を選択する |

HINT

棚全体をドラッグで領域選択すると、棚の内側面(ボイド)を含めた4つの要素が選択されてしまいます。ここでは、Ctrl キー+クリックで棚と棚板2枚を選択します。

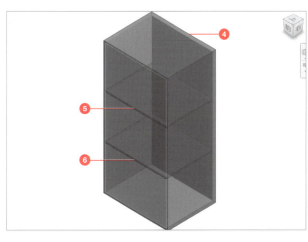

3 [**プロパティ**]パレットで[**マテリアル と仕上げ**]から[**マテリアル**]の[**＜カテ ゴリ別＞**]をクリックし、表示される[…]をク リックする

4 [**マテリアルブラウザ**]ダイアログボッ クスが表示される。[**プロジェクトマ テリアル**]のリストから[**ペイント**]を選択し、 [**OK**]をクリックする

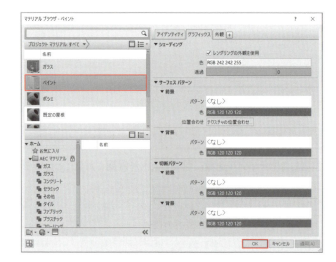

5 棚を選択解除し、マテリアルが設定 されていることを確認する

HINT

この状態で棚ファミリをプロジェクトに再 ロードすると、ペイントのマテリアルが適用 された状態になりますが、パラメータ化され ていないため色を変更することはできませ ん。
パラメータ化については3-8-3(P.087)で、 再ロードについては3-8-4(P.088)で説明し ます。

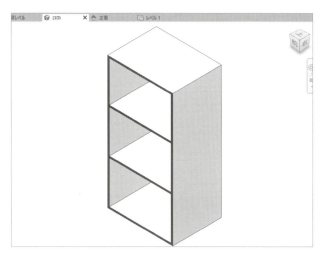

3-8-3 マテリアルパラメータを設定

マテリアルパラメータを作成し、プロジェクトで任意のマテリアルを設定できるようにします。

1 「3-8-2 マテリアルを設定」(P.085) の 2 と同様に、棚と棚板2枚を選択する

2 [プロパティ]パレットで[マテリアル]右側のボタンをクリックする

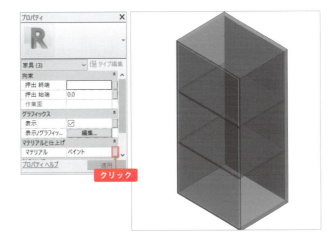

3 [ファミリパラメータの関連付け]ダイアログボックスが表示される。左下にある[新しいパラメータ]をクリックする

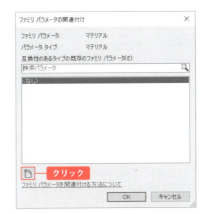

4 [パラメータプロパティ]ダイアログボックスが表示される。次の設定をし、[OK]をクリックする
- [パラメータデータ]の[名前] ❶ に「マテリアル」と入力する
- [インスタンス] ❷ を選択する
- [パラメータタイプ]に[マテリアル]、[パラメータグループ]に[マテリアルと仕上げ] ❸ が設定されていることを確認する

ここでは、挿入した個々の棚ごとに色を設定したいので、[インスタンス]を選択しています。

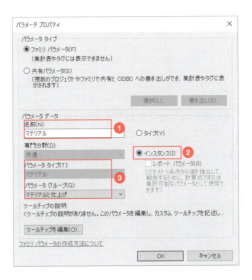

5 [**ファミリパラメータの関連付け**]ダイアログボックスに戻る。[**マテリアル**]が選択されていることを確認して[**OK**]をクリックする

6 リボンの[**作成**]タブ→[**プロパティ**]パネル→[**ファミリタイプ**]をクリックする

7 [**ファミリタイプ**]ダイアログボックスが表示される。[**マテリアルと仕上げ**]グループが追加され、[**マテリアル**]パラメータが作成されていることを確認し、[**OK**]をクリックする

ここまでの完成ファイルを「**棚(完成).rfa**」として教材データに用意しています。

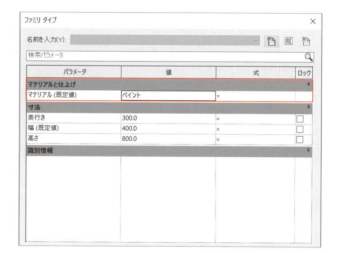

3-8-4 プロジェクトへの再ロード

修正したファミリを、確認のためにプロジェクトに再ロードします。

1 リボンの[**ファミリエディタ**]パネル→[**プロジェクトにロード**]をクリックする

HINT

3-8から操作を始めた場合は、3-7-1〜3-7-2(P.078〜079)のようにプロジェクトファイルを作成してからロードしましょう。その際、再ロードにはなりませんので、2のウインドウは表示されません。

2 プロジェクトのビューに切り替わり、[**ファミリは既に存在します**]ウインドウが表示される。[**既存のバージョンを上書きする**]をクリックする

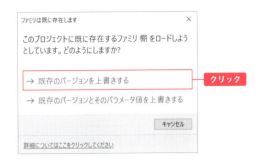

HINT

一度ロードしたファミリに修正を加えたときは再ロードしますが、[**既存のバージョンを上書きする**]をクリックすると、修正内容が更新されます。修正時に設定しているパラメータ値ごと上書き更新したい場合は、[**既存のバージョンとそのパラメータ値を上書きする**]をクリックします。

3 どちらかの棚をクリックして選択❶する

4 [**プロパティ**]パレットに[**マテリアル**]❷というパラメータが表示されることを確認する

HINT

棚が配置されていない場合は、棚を配置してからクリックして選択します。

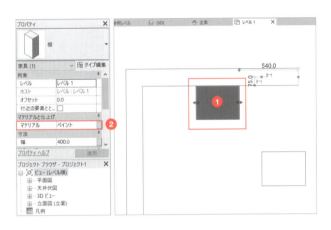

5 [**クイックアクセスツールバー**]の[**既定の3Dビュー**]❸をクリックして3Dビューに切り替える。[**ビューコントロールバー**]の[**表示スタイル**]❹から[**シェーディング**]❺を選択し、シェーディング表示にする

6 どちらかの棚をクリックして選択❻する

7 [**プロパティ**]パレットで[**マテリアルと仕上げ**]から[**マテリアル**]の[**ペイント**]をクリックし、表示される[…]❼をクリックする

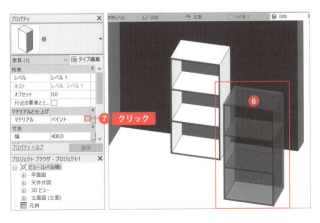

8 [**マテリアルブラウザ**]ダイアログボックスが表示される。任意のマテリアル(ここでは[**チェリー**])を選択し、[**OK**]をクリックする

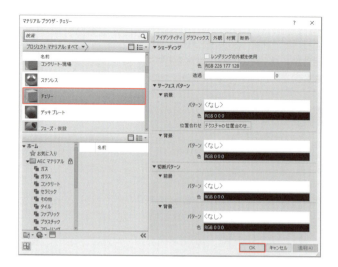

9 マテリアルが変更されていることを確認する

マテリアルが変更された

chapter 4

パラメータ設定できるファミリを作成
《応用編》

全体のサイズ、額縁やフレームのサイズ、窓枠の種類などをパラメータで設定できる複雑な窓のファミリを作成します。パネルと額縁・フレームを別のファミリで作成し、ファミリにさらにファミリを読み込んで作成していきます。

chapter 4-1 パラメータを設定できる窓ファミリを作成する工程

chapter 4では標準の「窓(メートル単位)」テンプレートを利用して、複雑な窓ファミリを作成します。全体のサイズ、額縁やフレームのサイズ、窓枠の種類などもパラメータで設定できる窓ファミリとします。

4-1-1 作成する窓ファミリの確認

ここで作成する窓は内付を想定しています。全体の幅、高さのほか、フレーム、額縁、框などの各部位のサイズ、窓枠の種類(FIX、倒し、引き違い)をパラメータで設定できる窓とします。

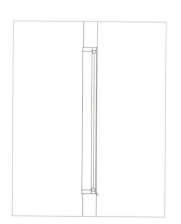
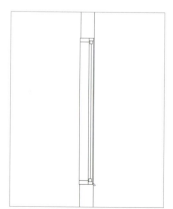
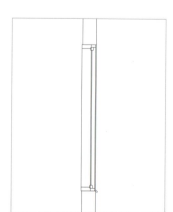

4-1-2　窓ファミリの作成手順

額縁・フレームを作成しこれをベースとします。基本パネルはベースとなる額縁・フレームとは別ファイルとして作成します。基本パネルのファイルをもとに、FIX、倒し、引き違いの各パネルをそれぞれ別ファイルとして作成し、ベースとする額縁・フレームのファイルに各パネルのファイルをネスト（入れ子）として組み込んで窓ファミリとします。

```
STEP 1 | 窓の額縁・フレームを作成        STEP 2 | 基本パネルを作成
                                    ↓       ↓       ↓
              STEP 3 | FIXパネルを作成   STEP 4 | 倒しパネルを作成   STEP 5 | 引き違いパネルを作成
    ↓                  ↓
STEP 6 | FIXパネルを窓ファミリにロード
    ↓
STEP 7 | 引き違いと倒しパネルを窓ファミリにロード
            ↓
        STEP 8 | 水切りを作成
            ↓
STEP 9 | 窓ファミリの2D表示を作成  →  STEP 10 | プロジェクト側で設定
    ↓
STEP 11 | タイプ分けとタイプカタログを作成
```

4-1-3　STEP 1 | 窓の額縁・フレームを作成

ベースとなる額縁・フレームを作成します。

額縁・フレームの作成手順

- 4-2-1　テンプレートを選択
- 4-2-2　額縁のための参照面を作成
- 4-2-3　額縁のためのパラメータを作成
- 4-2-4　額縁を作成
- 4-2-5　フレームのための参照面を作成
- 4-2-6　フレームのためのパラメータを作成
- 4-2-7　フレームを作成
- 4-2-8　有効開口幅位置を変更
- 4-2-9　有効開口高さ位置を変更
- 4-2-10　開口のパラメータの動作確認
- 4-2-11　サブカテゴリを設定
- 4-2-12　サブカテゴリ設定を確認
- 4-2-13　サブカテゴリにマテリアルパラメータを作成

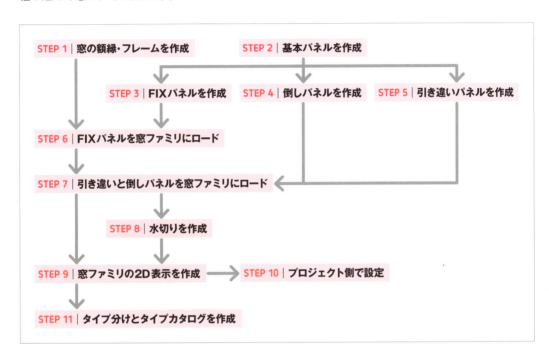

室内側の「**額縁**」と、屋外側の「**フレーム**」を作成します。「**額縁**」、「**フレーム**」ともに3Dモデルの作成には、[**スイープ**]機能を使います。

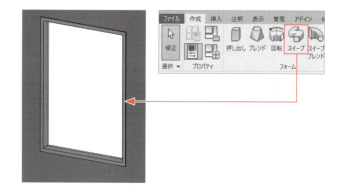

寸法パラメータとして窓全体の「**幅**」、「**高さ**」のほかに「**額縁ちり**」、「**額縁見付**」、「**額縁見込**」、「**フレーム見付**」、「**フレーム見込**」、マテリアルパラメータとして「**フレームマテリアル**」、「**額縁マテリアル**」を設定します。
また、サブカテゴリを設定し、マテリアルパラメータとの使い分けを理解します。

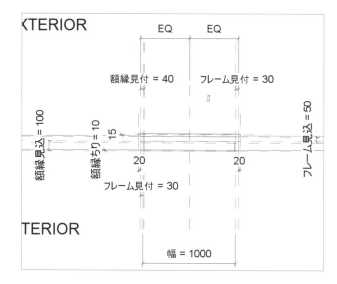

HINT

寸法パラメータ設定

「寸法パラメータ」を設定することで、大きさを変更することができます。「寸法パラメータ」は、「参照面」間に設定することが望ましいです。簡単な形状の場合はエラーになりにくいですが、形状が複雑になってくると、「拘束が満たされていません」といったエラーが起こりがちです(図)。

HINT

マテリアルパラメータとサブカテゴリ

「マテリアルパラメータ」を設定すると、自由にマテリアルを変更できるようになります。家具などの場合は、個々にパラメータが設定できるので便利です。
建具の額縁やサッシの色などは物件で統一される場合が多いです。そのためサブカテゴリを設定し、1つのプロジェクトで統一したマテリアルとして設定するとよいでしょう。
部分的に変更したい場合があることを想定し、ここではマテリアルパラメータも設定しておきます。

HINT

ファミリ作成時の注意点

寸法などのパラメータを設定する場合は、必ずこまめに動作を確認しましょう。たくさんのパラメータを設定した後、動作確認してエラーが起こると、どこのパラメータがエラーになっているのかわかりづらく、修正が困難になります。
寸法パラメータでのエラーで最も多い原因は、参照面間ではなくオブジェクトエッジで寸法を指定している場合です。

HINT

参照面の名前
参照面は名前を付けて管理します❶。これにより、寸法などの設定時に名前が表示されます。
また、参照面は作業面として使用することもできるため、名前選択ができると効率的に作業が行えます。

参照面でプロジェクト挿入時の挿入基点を設定するには
参照面のプロパティで[基準点を設定]❷にチェックを入れた水平と垂直の参照面の交点が挿入基点になります。基点にしたい位置に参照面がない場合は、参照面を作成します。

[強参照]、[弱参照]、[参照なし]
[強参照]は設定した参照面にあるオブジェクトのエッジを、プロジェクト挿入時に基準線や壁面などにスナップさせることができます。
[弱参照]はプロジェクト挿入後、仮寸法や寸法入力時の基準となります。
[参照なし]はプロジェクト側では一切反応しません。
作成した参照面は必ず[弱参照]❸になっています。そのままプロジェクトに挿入するとあちこちが寸法の基準となって反応してしまうので、必要のない部分は必ず[参照なし]にしておくことをお勧めします。

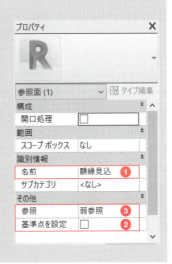

4-1-4 STEP 2 | 基本パネルを作成

FIX、倒し、引き違いのパネルを作成するための基本パネルを作成します。「一般モデル(メートル単位).rft」テンプレートをもとに新規に作成したファイルに作成します。

基本パネルの作成手順

- 4-3-1 テンプレートを選択してカテゴリを変更
- 4-3-2 框のパラメータを作成
- 4-3-3 框を作成
- 4-3-4 ガラスを作成
- 4-3-5 サブカテゴリを設定
- 4-3-6 2D(平面図)での表示を設定
- 4-3-7 2D(断面図)での表示を設定
- 4-3-8 表示設定を確認

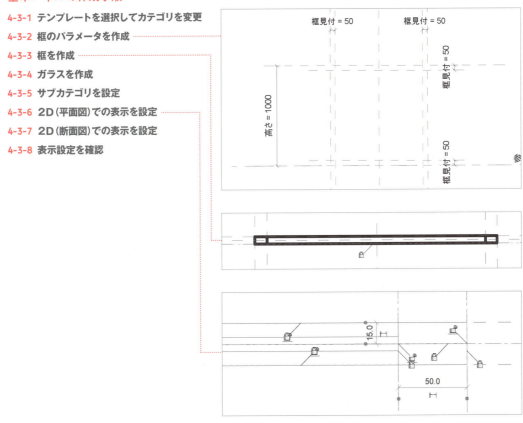

1つのファミリ内ですべての形状を作成すると、参照面が多くなりパラメータも煩雑になるためエラーの原因となります。そこで基本パネルは、別ファイルで作成します。窓カテゴリである必要はありますが、窓のテンプレートを使うと、部材のみ作る際には不要な壁や開口部などの設定があります。そこでテンプレートとして「**一般モデル（メートル単位）**」を使用し、そのカテゴリを[**窓**]に変更して利用します。
3Dモデルとしては、框部分とガラス部分を[**押し出し**]機能で作成します。

寸法パラメータとして「**幅**」、「**厚さ**」、「**高さ**」、「**框見付**」を設定します。

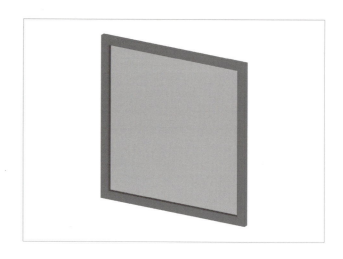

プロジェクトにロードした際に[**詳細レベル**]の[**簡略**]、[**標準**]、[**詳細**]で「**平面図**」や「**断面図**」の2D表現が変更されるように、[**シンボル線分**]を使って2D図形を作成します。

HINT

［詳細レベル］表示

Revitは3Dモデルすべてのエッジライン（形状を構成する線）を平面、立面（左、右、正面、背面）、断面の各面で表示します。家具などは一般図と詳細図であまり表現は変わりませんが、建具は大きく違うことがあります。このため、3Dモデルのエッジラインがそのまま各図面として使えるかを判断し、「3Dモデルをどのビューで表示するのか」、「そのまますべての詳細レベルで表示するのか」を考えておく必要があります。

3Dモデルには、「どのビューで表示するのか」、「どの詳細レベルで表示するのか」を設定できます。また［シンボル線分］を使うと、特定の2Dビューだけで表示される線分を作成できます。さらに［シンボル線分］にも「どの詳細レベルで表示するのか」を設定できます。これらの機能を使うと、平面図や立面図、断面図で［簡略］、［標準］、［詳細］と、それぞれ表現を変えることができます。

> 「どのビューで表示するのか」
> 「どの詳細レベルで表示するのか」
> 3Dモデルに設定

> 「どの詳細レベルで表示するのか」
> シンボル線分に設定

HINT

シンボル線分の特徴

［シンボル線分］は特定の2Dビューだけで表示される線分ですが、サブカテゴリを使うことで印刷時の線の太さ、線の色、線種を詳細に設定できます。サブカテゴリはレイヤ（画層）分けに似た機能で、サブカテゴリに線の太さ、線の色、線種などを設定し、シンボル線分にサブカテゴリを割り当てます。

ファミリにシンボル線分を使用することで、詳細表現の必要な部材に細かなラインを使えるので、詳細図面を作成する際に役立ちます。

> 線の太さ、線の色、線種などをサブカテゴリに設定

カテゴリ	線の太さ 投影	線の太さ 断面	線の色	線種パターン
壁	2	2	黒	
共有エッジ	2	1	黒	
隠線	2	2	黒	破線
窓	2	2	黒	
ガラス	1	2	黒	
スイング・一点破線	1	1	黒	一点破線
トリム	1	1	黒	
フレーム/マリオン	1	3	黒	
下枠/上枠	1	3	黒	
平面スイング	1	1	黒	
白	1	1	白色	実線
立面図 スイング	1	1	黒	中心
開口部	2	3	黒	
隠線	2	2	RGB 000-000-1	破線
額縁	1	1	黒	実線

4-1-5　STEP 3｜FIXパネルを作成／STEP 4｜倒しパネルを作成／STEP 5｜引き違いパネルを作成

作成した「基本パネル」を利用して3種のパネルを作成します。

FIXパネルの作成手順

- **4-4-1** FIX記号を作成
- **4-4-2** FIX記号の位置を固定
- **4-4-3** FIX記号の非表示／表示パラメータを作成
- **4-4-4** 背面のFIX記号を作成
- **4-4-5** 表示設定
- **4-4-6** 表示設定を確認

倒しパネルの作成手順

- **4-5-1** サブカテゴリを作成
- **4-5-2** 倒し表現を作成

引き違いパネルの作成手順

- **4-6-1** パラメータを作成
- **4-6-2** パネルをネスト
- **4-6-3** パネル位置を調整
- **4-6-4** 框見付パラメータを追加
- **4-6-5** 2Dでの引き違い表記の追加

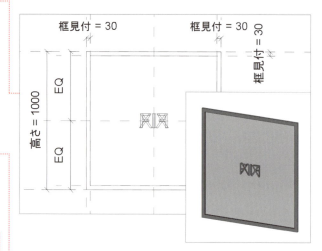

FIX

「**FIX**」では、「**FIX**」という文字記号表現を立体文字で作成し、パラメータの[**はい/いいえ**]で記号表現の表示／非表示が切り替えられるよう設定します。

倒し

「**倒し**」では、シンボル線分のサブカテゴリの新規作成方法を理解し、立面図での倒し表現を作成します。

引き違い

「**引き違い**」では、パネルを新しいファイルにロードして2枚合わせます。
寸法パラメータで「**パネル幅**」を作成し、全体の幅にパネルが2枚収まるように「**式**」を入力します。

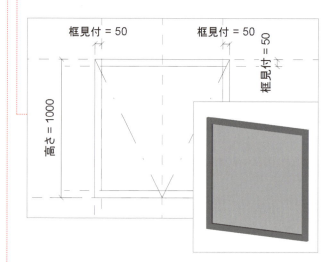

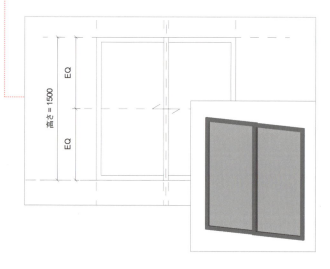

4-1-6

STEP 6｜FIXパネルを窓ファミリにロード／
STEP 7｜引き違いと倒しパネルを窓ファミリにロード

FIX、倒し、引き違いのパネルを、額縁・フレームのファイルにロードして窓を一体化します。3つのパネルを切り替えるパラメータを設定・割り当てて、パラメータで3つのパネルを切り替えられるようにします。

**FIXパネルを窓ファミリに
ロードする手順**

4-7-1 FIXパネルをロード
4-7-2 パラメータの関連付け
4-7-3 パネル位置を調整

**残りのパネルを窓ファミリにロードして
切り替えるパラメータを設定する手順**

4-8-1 パネル入れ替えのパラメータ設定
4-8-2 パネル入れ替えパラメータを割り当て

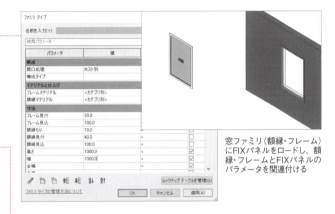

窓ファミリ（額縁・フレーム）にFIXパネルをロードし、額縁・フレームとFIXパネルのパラメータを関連付ける

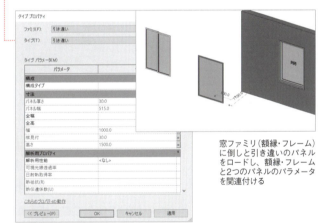

窓ファミリ（額縁・フレーム）に倒しと引き違いのパネルをロードし、額縁・フレームと2つのパネルのパラメータを関連付ける

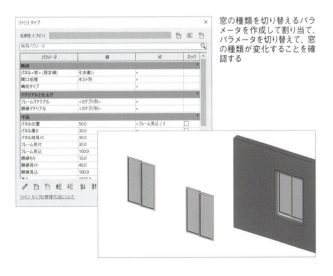

窓の種類を切り替えるパラメータを作成して割り当て、パラメータを切り替えて、窓の種類が変化することを確認する

4-1-7 STEP 8 | 水切りを作成

屋外側のフレーム位置に追従する水切りを作成します。水切りは[押し出し]機能で作成します。パラメータは[はい/いいえ]を使い、表示／非表示が切り替えられるように設定します。

水切りを作成する手順

4-9-1 参照面を作成
4-9-2 水切り形状を作成
4-9-3 サブカテゴリを設定
4-9-4 表示／非表示のパラメータを作成
4-9-5 表示を設定

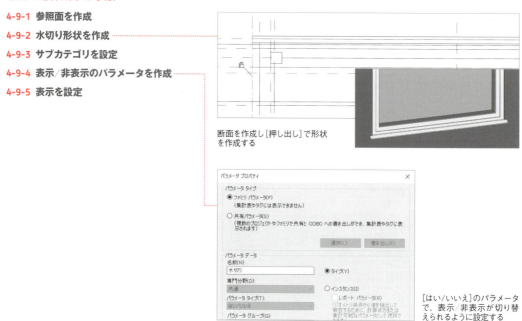

断面を作成し[押し出し]で形状を作成する

[はい/いいえ]のパラメータで、表示／非表示が切り替えられるように設定する

4-1-8 STEP 9 | 窓ファミリの2D表示を作成

作成した「窓」ファミリの、平面、立面、断面での2D表示を作成します。3D形状の利用できる部分はそのまま利用しますが、「STEP 2 | 基本パネルを作成」と同様に、[簡易]、[標準]、[詳細]で表現を変える場合など、2D用の[シンボル線分]を使って書き加えます。動作、表示を確認して「窓」ファミリの完成です。

2D表示を作成する手順

4-10-1 額縁とフレームの表示設定
4-10-2 平面図での簡略表現を作成
4-10-3 確認用プロジェクトを作成
4-10-4 プロジェクトに窓をロード
4-10-5 断面図での簡略表現を作成
4-10-6 パラメータを変更して動作確認

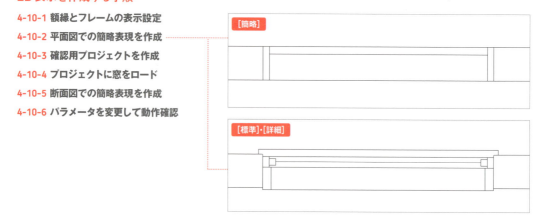

4-1-9　STEP 11｜タイプ分けとタイプカタログを作成

窓のファミリ形状が完成し、詳細表現を整えた後、プロジェクトにロードするためにタイプ分けやタイプカタログを作成します。

タイプ分けとタイプカタログを作成する手順

4-12-1 プロパティの違い
4-12-2 タイプ分け
4-12-3 タイプカタログを作成

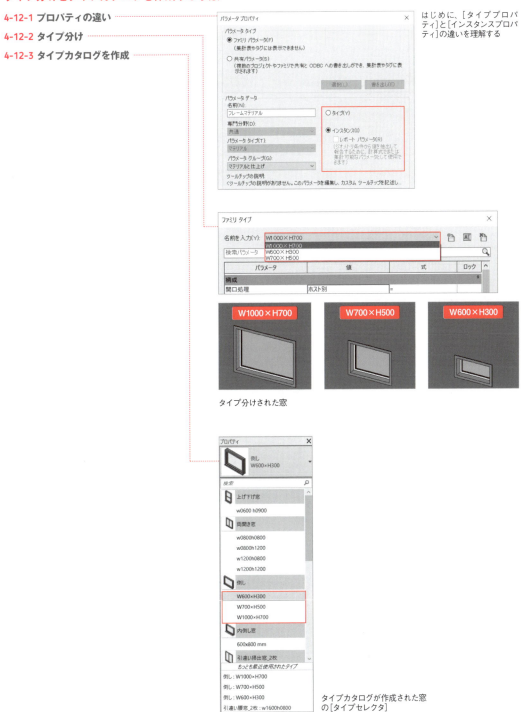

はじめに、[タイププロパティ]と[インスタンスプロパティ]の違いを理解する

タイプ分けされた窓

タイプカタログが作成された窓の[タイプセレクタ]

chapter 4

2 窓の額縁・フレームを作成

「4-2 窓の額縁・フレームを作成」から「4-11 プロジェクト側で設定」までで、パラメータでサイズや種類が変更できる「窓ファミリ」を作成します。はじめにベースとなる額縁・フレームを作成します。

4-2-1　テンプレートを選択
4-2-2　額縁のための参照面を作成
4-2-3　額縁のためのパラメータを作成
4-2-4　額縁を作成
4-2-5　フレームのための参照面を作成
4-2-6　フレームのためのパラメータを作成
4-2-7　フレームを作成

4-2-8　有効開口幅位置を変更
4-2-9　有効開口高さ位置を変更
4-2-10　開口のパラメータの動作確認
4-2-11　サブカテゴリを設定
4-2-12　サブカテゴリ設定を確認
4-2-13　サブカテゴリにマテリアルパラメータを作成

4-2-1　テンプレートを選択

窓ファミリを作成するためのテンプレートを選択します。ここで作成するは窓なので、「窓(メートル単位).rft」を選択します。

1. Revitを起動し、[**ホーム**]の[**ファミリ**]の[**新規作成**]を選択する

2. [**新しいファミリ-テンプレートファイルを選択**]ダイアログボックスから、[**窓(メートル単位).rft**] ❶ を選択し、[**開く**]をクリックする。新しいファイルが開く

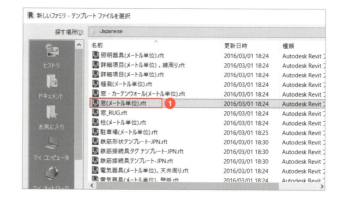

3. [**プロジェクトブラウザ**]の[**平面図**]の[**+**] ❷ をクリックして展開し、[**参照レベル**] ❸ が選択されていることを確認する。また、[**参照レベル**]タブ ❹ が開いていることを確認する

ここまでの完成ファイルを、「4-2-1.rfa」として教材データに用意しています。

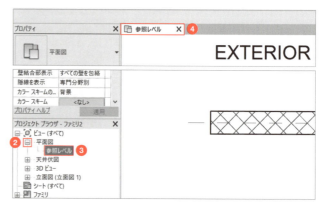

4-2-2 額縁のための参照面を作成

パラメータのため「額縁ちり」、「額縁見込」、「額縁見付」の3本の参照面を作成して名前を付けます。まずは「額縁ちり」から作成します。

[額縁ちり] 参照面を作成

1 リボンの[**作成**]タブ→[**基準面**]パネル→[**参照面**]をクリックする

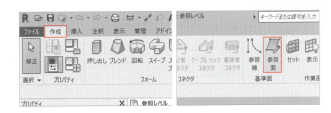

2 壁の[**INTERIOR**]側の任意の位置で始点 ❶、終点 ❷ をクリックして、水平の参照面を作成する

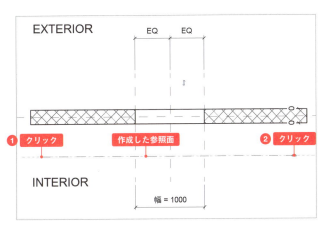

3 作成した参照面下側に表示される[**クリックして名前を指定**] ❸ をクリックし、「**額縁ちり**」❹ と入力する

> **HINT**
> 参照面下側に表示される[**クリックして名前を指定**]は参照面の両端に表示されますが、どちらをクリックして入力してもかまいません。

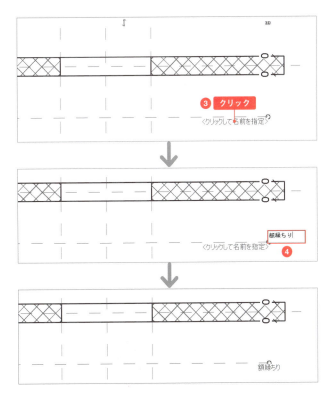

[額縁見込] 参照面を作成

1 壁の中側の任意の位置で始点❶、終点❷をクリックして、水平の参照面を作成する

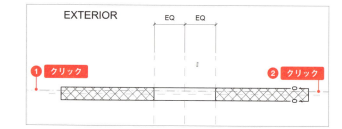

2 作成した参照面下側に表示される[**クリックして名前を指定**]❸をクリックし、「額縁見込」❹と入力する

HINT
参照面は、壁中心にある水平の参照面より[EXTERIOR]側の任意の位置に作成します。

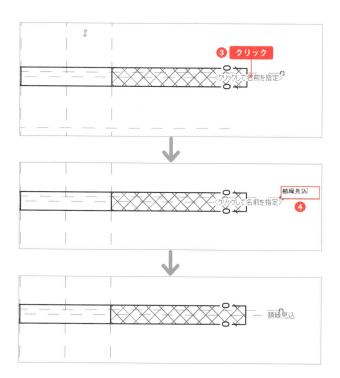

[額縁見付] 参照面を作成

1 [左]参照面の右側で始点❶、終点❷をクリックし、垂直の参照面を作成する

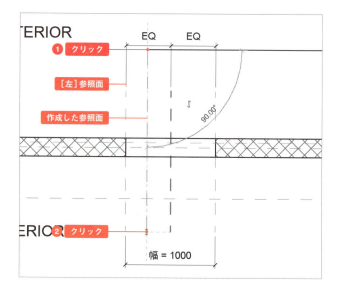

2 作成した参照面左側に表示される[**クリックして名前を指定**] ③ をクリックし、「**額縁見付**」 ④ と入力する

ここまでの完成ファイルを、「**4-2-2.rfa**」として教材データに用意しています。

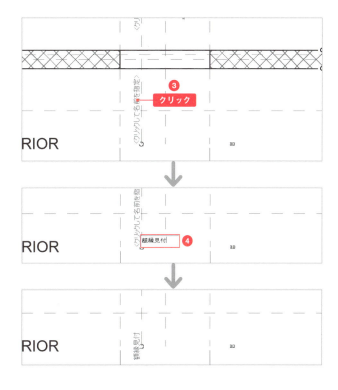

4-2-3 額縁のためのパラメータを作成

「**額縁ちり**」、「**額縁見込**」、「**額縁見付**」のパラメータを作成します。

[額縁ちり] 参照面にパラメータを作成

1 リボンの[**注釈**]タブ→[**寸法**]パネル→[**平行寸法**]をクリックする

2 壁の[**INTERIOR**]側エッジの[**内壁**]参照面 ① と[**額縁ちり**]参照面 ② をクリックし、さらに寸法位置 ③(任意位置)をクリックして寸法を入力する。参照面を任意の位置に作成しているので、表示される寸法値は図と一致しなくてよい。

> **HINT**
> [**内壁**]参照面 ① と重なるように壁要素があります。このため、ステータスバー ④ やツールチップで対象が参照面になっているか確認してからクリックします。壁の[**INTERIOR**]側エッジにカーソルを重ね、**Tab** キーを何度か押すと、重なっている要素の中から順番に対象を切り替えられます。

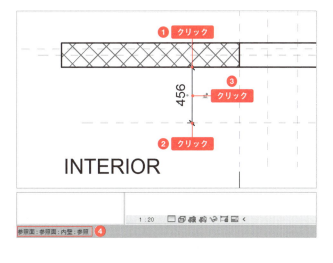

| 3 | リボンの[**修正**]をクリックする |

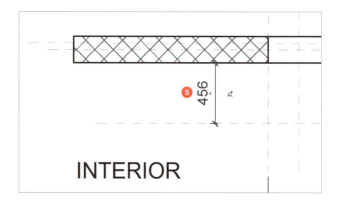

| 4 | ②で入力した寸法❺をクリックして選択する |

| 5 | リボンの[**修正|寸法**]タブ→[**寸法にラベルを付ける**]パネル→[**パラメータを作成**]❻をクリックする |

| 6 | [**パラメータプロパティ**]ダイアログボックスが表示されるので、下記のように設定して[**OK**]をクリックする |

◆ [**名前**]に「**額縁ちり**」❼と入力する
◆ [**タイプ**]❽が選択されていることを確認する
◆ [**パラメータグループ**]が[**寸法**]❾であることを確認する

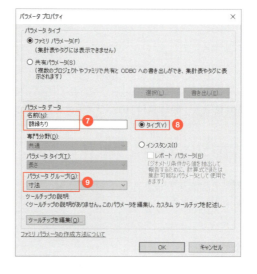

| 7 | 選択した寸法値に「**額縁ちり＝**」と追加されたことを確認してから、寸法の選択を解除する |

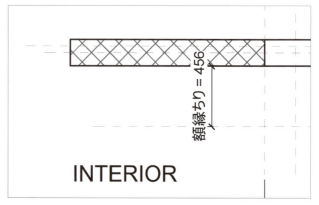

[額縁見込] 参照面にパラメータを作成

[額縁ちり] 参照面にパラメータを作成したのと同様の操作で、[額縁見込] 参照面にパラメータを作成します。

1 リボンの[注釈]タブ→[寸法]パネル→[平行寸法]をクリックする

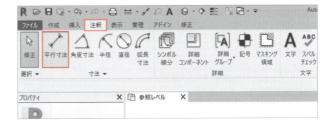

2 [額縁ちり]参照面❶と[額縁見込]参照面❷をクリックし、さらに寸法位置❸をクリックして寸法を入力する

3 リボンの[修正]をクリックし、2 で入力した寸法をクリックして選択する

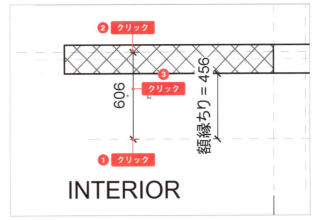

4 リボンの[修正|寸法]タブ→[寸法にラベルを付ける]パネル→[パラメータを作成]❹をクリックする

5 [パラメータプロパティ]ダイアログボックスが表示されるので、下記のように設定して[OK]をクリックする
◆ [名前]に「額縁見込」❺と入力する
◆ [タイプ]❻が選択されていることを確認する
◆ [パラメータグループ]が[寸法]❼であることを確認する

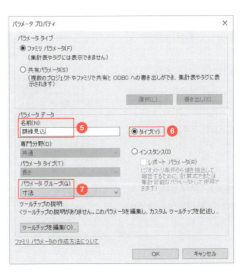

| 6 | 選択した寸法値に「**額縁見込＝**」と追加されたことを確認してから、寸法の選択を解除する

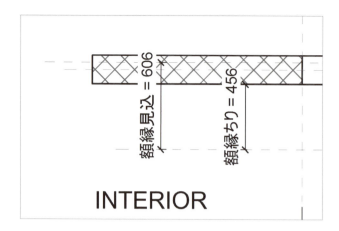

［額縁見付］参照面にパラメータを作成

［**額縁ちり**］、［**額縁見込**］参照面にパラメータを作成したのと同様の操作で、［**額縁見付**］参照面にパラメータを作成します。

| 1 | ［**平行寸法**］コマンドで、「**左**」参照面 ❶ と「**額縁見付**」参照面 ❷ をクリックし、さらに寸法位置 ❸ をクリックして寸法を入力する

| 2 | リボンの［**修正**］をクリックし、 1 で入力した寸法をクリックして選択する

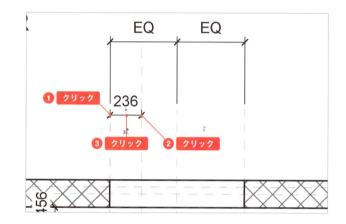

| 3 | リボンの［**修正｜寸法**］タブ→［**寸法にラベルを付ける**］パネル→［**パラメータを作成**］をクリックする。［**パラメータプロパティ**］ダイアログボックスが表示されるので、下記のように設定して［**OK**］をクリックする
◆ ［**名前**］に「**額縁見付**」❹ と入力する
◆ ［**タイプ**］❺ が選択されていることを確認する
◆ ［**パラメータグループ**］が［**寸法**］❻ であることを確認する

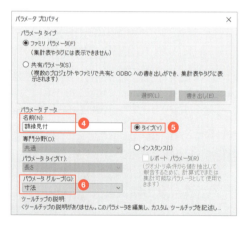

| 4 | 選択した寸法値に「**額縁見付＝**」と追加されたことを確認してから、寸法の選択を解除する

パラメータの動作確認

作成したパラメータが動作して参照面が動くかを確認します。

1 リボンの[**作成**]タブ→[**プロパティ**]パネル→[**ファミリタイプ**]をクリックする

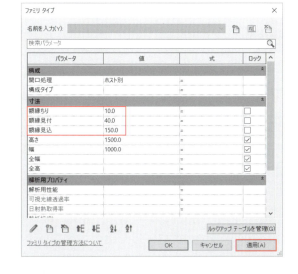

2 [**ファミリタイプ**]ダイアログボックスが表示されるので、下記のように設定して[**適用**]をクリックする

◆ [**額縁ちり**]に「**10**」と入力する
◆ [**額縁見付**]に「**40**」と入力する
◆ [**額縁見込**]に「**150**」と入力する

3 すべてのパラメータがエラーなく動作することを確認し、[**ファミリタイプ**]ダイアログボックスの[**OK**]をクリックする

ここまでの完成ファイルを、「**4-2-3.rfa**」として教材データに用意しています。

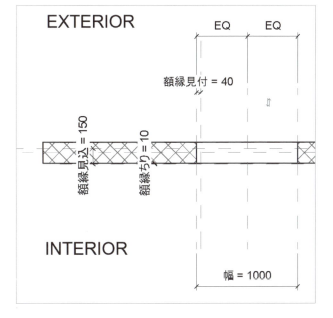

4-2-4 額縁を作成

額縁部分を作成します。額縁は、すでに作成した「額縁ちり」、「額縁見込」、「額縁見付」のパラメータで形状(寸法)を指定できるようにします。

額縁の形状を作成

1 [**プロジェクトブラウザ**]の[**立面図(立面図1)**]の[**+**]❶をクリックして展開し、[**内壁**]❷をダブルクリックして選択して、[**内壁**]タブ❸が開いたことを確認する

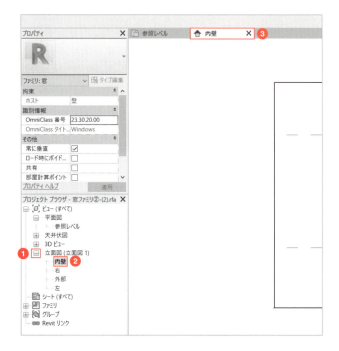

2 リボンの[**作成**]タブ→[**フォーム**]パネル→[**スイープ**]をクリックする

3 リボンの[**修正|スイープ**]タブ→[**スイープ**]パネル→[**パスを選択**]をクリックする

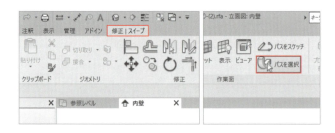

4 壁開口部分のエッジの4辺を左❹→上❺→右❻→下❼と順にクリックして選択する

HINT

最初にクリックしたエッジに、プロファイル（断面形状）を作成するための参照面が作成されます。そのため最初にクリックするエッジは水平か垂直なエッジを選択します。

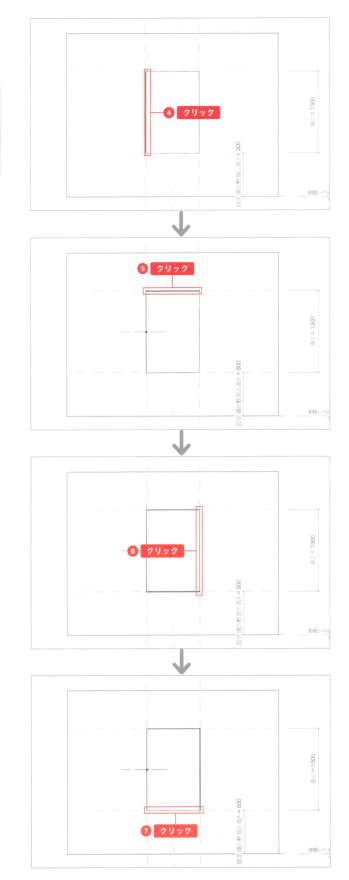

5 リボンの[**修正|スイープ>パスを選択**]タブ→[**モード**]パネル→[**編集モードを終了**]をクリックする

6 リボンの[**修正|スイープ**]タブ→[**スイープ**]パネル→[**プロファイルを編集**]をクリックする

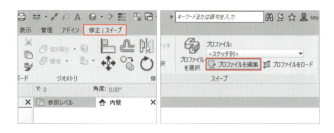

7 [**ビューに移動**]ダイアログボックスが表示されるので、[**平面図：参照レベル**]❽を選択し、[**ビューを開く**]❾をクリックする。平面図ビューに切り替わる

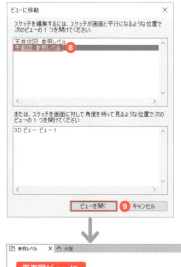

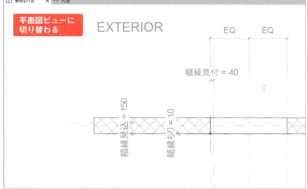

8 [**修正|スイープ>プロファイルを編集**]タブ→[**描画**]パネル→[**長方形**]をクリックする

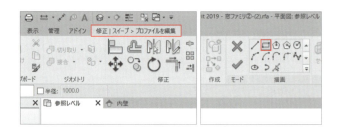

| 9 | [**額縁ちり**]参照面と[**左**]参照面の交点❿をクリックし、[**額縁見込**]参照面と[**額縁見付**]参照面の交点⓫をクリックして長方形を作成する |

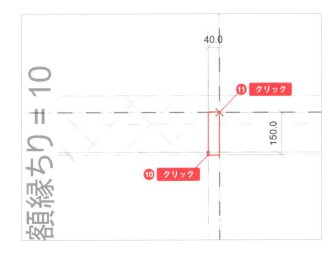

| 10 | 4辺に表示されるロック記号を4つともクリックし、参照面と長方形をロックする |

HINT
ロック記号の表示される位置は、図と異なる場合があります。

| 11 | リボンの[**修正 | スイープ > プロファイルを編集**]タブ→[**モード**]パネル→[**編集モードを終了**]をクリックする |

| 12 | リボンの[**修正 | スイープ**]タブ→[**モード**]パネル→[**編集モードを終了**]をクリックする |

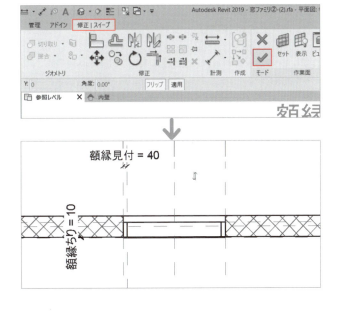

| 13 | [**クイックアクセスツールバー**]の[**既定の3Dビュー**] ⑫ をクリックし、3Dビューに切り替える |

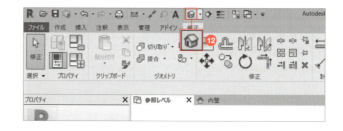

| 14 | [**ビューコントロールバー**]の[**表示スタイル**] ⑬ から[**べた塗り**] ⑭ をクリックする |

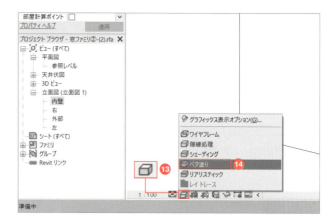

| 15 | 色が表示され、形状がわかりやすくなる |

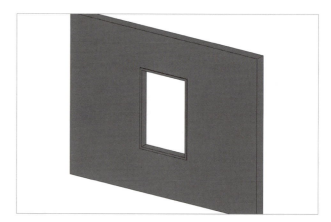

パラメータの動作確認

作成したパラメータが動作して参照面が動くかを確認します。

| 1 | リボンの[**作成**]タブ→[**プロパティ**]パネル→[**ファミリタイプ**]をクリックする |

2 [**ファミリタイプ**]ダイアログボックスが表示されるので、[**額縁ちり**]、[**額縁見付**]、[**額縁見込**]❶に任意の数値を入力し、[**適用**]❷をクリックする

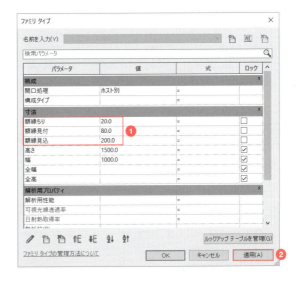

3 すべてのパラメータがエラーなく動作することを確認する

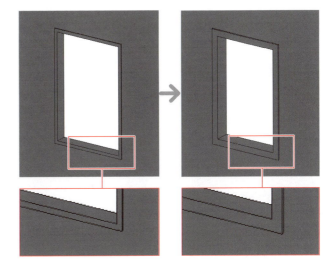

4 [**ファミリタイプ**]ダイアログボックスで下記のように設定し、[**OK**]をクリックする
◆ [**額縁ちり**]に「**10**」と入力する
◆ [**額縁見付**]に「**40**」と入力する
◆ [**額縁見込**]に「**150**」と入力する

ここまでの完成ファイルを、「**4-2-4.rfa**」として教材データに用意しています。

4-2-5 フレームのための参照面を作成

フレーム（窓枠）では「見付」、「見込」のパラメータを作成します。このための参照面を2つ作成し、名前を付けます。見込の参照面は額縁と重ならないように右側に作成します。参照面の作成方法は額縁と同様です。

1 ［**プロジェクトブラウザ**］の［**平面図**］の［**参照レベル**］をダブルクリックする。リボンの［**作成**］タブ→［**基準面**］パネル→［**参照面**］をクリックする

2 壁の［**EXTERIOR**］側の任意の位置で始点❶、終点❷をクリックして、水平の参照面を作成する

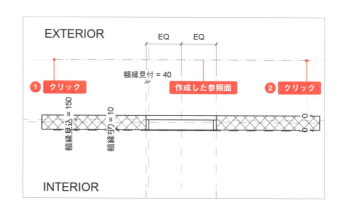

3 参照面に表示される［**クリックして名前を指定**］部分をクリックし、「**フレーム見込**」と入力する

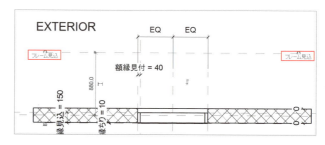

4 ［**右**］参照面の左側で始点❸、終点❹をクリックして、垂直の参照面を作成する

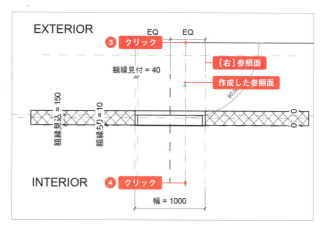

5 参照面に表示される［**クリックして名前を指定**］部分をクリックし、「**フレーム見付**」と入力する

ここまでの完成ファイルを、「**4-2-5.rfa**」として教材データに用意しています。

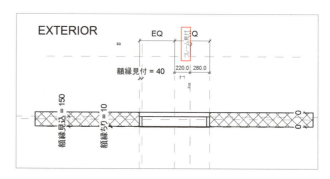

4-2-6 フレームのためのパラメータを作成

「フレーム見込」、「フレーム見付」のパラメータを作成します。パラメータの作成方法は額縁と同様です。

パラメータを作成

1. リボンの[**注釈**]タブ→[**寸法**]パネル→[**平行寸法**]をクリックし、[**フレーム見込**]参照面❶から[**額縁見込**]参照面❷の寸法を作成する

2. リボンの[**修正**]をクリックし、1で作成した寸法をクリックして選択する

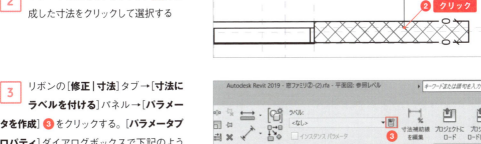

3. リボンの[**修正|寸法**]タブ→[**寸法にラベルを付ける**]パネル→[**パラメータを作成**]❸をクリックする。[**パラメータプロパティ**]ダイアログボックスで下記のように設定し、[**OK**]をクリックする
   - [**名前**]に「**フレーム見込**」❹と入力する
   - [**タイプ**]❺が選択されていることを確認する
   - [**パラメータグループ**]が[**寸法**]❻であることを確認する

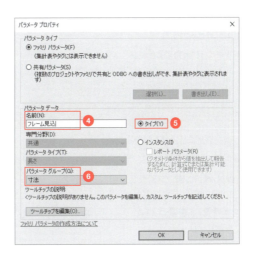

4. 選択した寸法値に「**フレーム見込＝**」と追加されたことを確認してから、寸法の選択を解除する

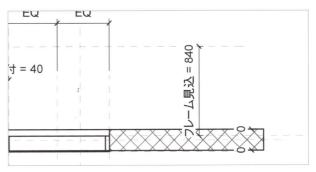

5	1～4 と同様に、[**右**]参照面と[**フレーム見付**]参照面間に[**フレーム見付**]パラメータを作成する。[**パラメータプロパティ**]ダイアログボックスの[**名前**]では「**フレーム見付**」と入力する

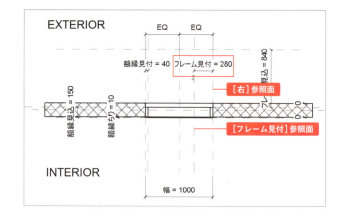

パラメータの動作確認

作成したパラメータが動作して参照面が動くかを確認します。

1	リボンの[**作成**]タブ→[**プロパティ**]パネル→[**ファミリタイプ**] ❶ をクリックする

2	[**ファミリタイプ**]ダイアログボックスが表示されるので、下記のように設定して[**適用**] ❸ をクリックする

◆ [**フレーム見付**]に「**30**」と入力する
◆ [**フレーム見込**]に「**100**」と入力する ❷

3	すべてのパラメータがエラーなく動作することを確認し、[**ファミリタイプ**]ダイアログボックスの[**OK**]をクリックする

ここまでの完成ファイルを、「**4-2-6.rfa**」として教材データに用意しています。

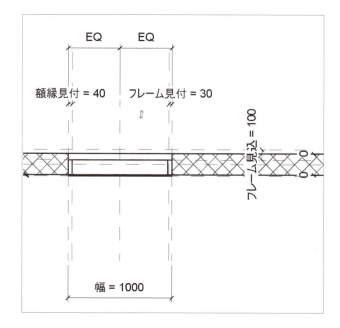

4-2-7 フレームを作成

フレーム部分を作成します。フレームは、すでに作成した「フレーム見付」、「フレーム見込」のパラメータで形状（寸法）を指定できるようにします。

1 [プロジェクトブラウザ]の[立面図(立面図1)]の[外部] ❶ をダブルクリックする。[外部]タブ ❷ が開いたことを確認する

2 リボンの[作成]タブ→[フォーム]パネル→[スイープ]をクリックする

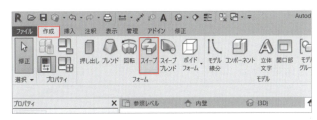

3 リボンの[修正|スイープ]タブ→[スイープ]パネル→[パスを選択]をクリックする

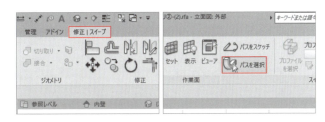

4 壁開口部分のエッジの4辺を左 ❸ → 上 ❹ → 右 ❺ → 下 ❻ と順にクリックして選択する

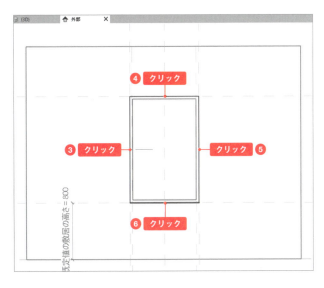

5 リボンの[**修正|スイープ>パスを選択**]タブ→[**モード**]パネル→[**編集モードを終了**]をクリックする

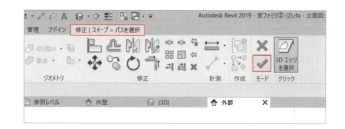

6 リボンの[**修正|スイープ**]タブ→[**スイープ**]パネル→[**プロファイルを編集**]をクリックする

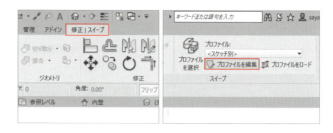

7 [**ビューに移動**]ダイアログボックスが表示されるので、[**平面図：参照レベル**] ❼ を選択し、[**ビューを開く**] ❽ をクリックする。平面図ビューに切り替わる

8 [**修正|スイープ>プロファイルを編集**]タブ→[**描画**]パネル→[**長方形**]をクリックする

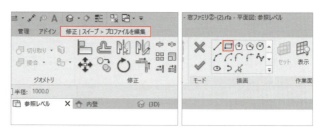

9 [**フレーム見込**]参照面と[**フレーム見付**]参照面の交点 ❾ をクリックし、[**額縁見込**]参照面と[**右**]参照面の交点 ❿ をクリックして長方形を作成する

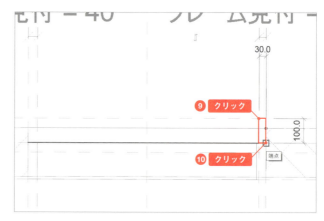

120

10　4辺に表示されるロック記号を4つともクリックし、長方形と参照面をロックする

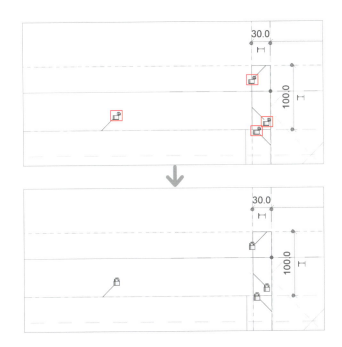

11　リボンの[**修正|スイープ>プロファイルを編集**]タブ→[**モード**]パネル→[**編集モードを終了**]をクリックする

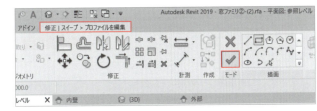

12　リボンの[**修正|スイープ**]タブ→[**モード**]パネル→[**編集モードを終了**]をクリックする

13　[**クイックアクセスツールバー**]の[**既定の3Dビュー**]⓫をクリックし、3Dビューに切り替える

14　[**ビューキューブ**]⓬などで視点を動かし、フレームを[**EXTERIOR**]側から確認する。

> **HINT**
> [**ビューキューブ**]では、面、辺、頂点をドラッグすることで、視点を動かすことができます。

ここまでの完成ファイルを、「**4-2-7.rfa**」として教材データに用意しています。

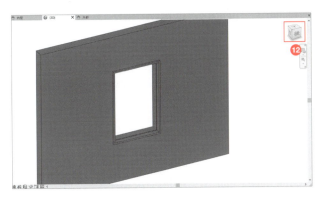

4-2-8 有効開口幅位置を変更

「幅」のパラメータ位置を額縁内側に変更します。

[1] [**プロジェクトブラウザ**]の[**平面図**]の[**参照レベル**]をダブルクリックして平面図のビューに移動する。リボンの[**作成**]タブ→[**基準面**]パネル→[**参照面**]をクリックする

[2] [**左**]参照面の右側で始点❶、終点❷をクリックして、垂直の参照面を作成する

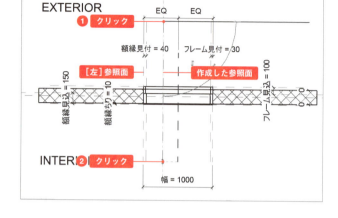

[3] リボンの[**注釈**]タブ→[**寸法**]パネル→[**平行寸法**]をクリックする。[**左**]参照面❸から❷で作成した参照面❹の間に寸法を作成する

[4] リボンの[**修正**]をクリックし、❸で作成した寸法をクリックして選択する

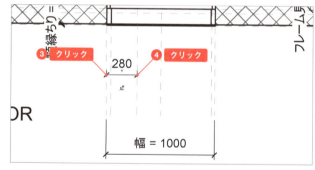

[5] リボンの[**修正|寸法**]タブ→[**寸法にラベルを付ける**]パネル→[**ラベル**]の▼❺をクリックし、[**フレーム見付**]❻を選択してパラメータを追加する

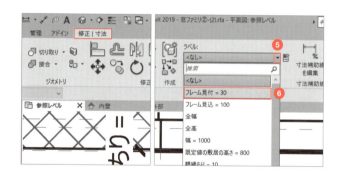

[6] [**幅**]とパラメータ名の付いている寸法を選択する

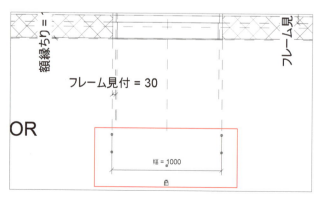

7 右側の寸法補助線上の青い丸を[**フレーム見付**]参照面までドラッグする。[**幅**]のパラメータが外れ、寸法は「**30**」小さくなり「**970**」となる

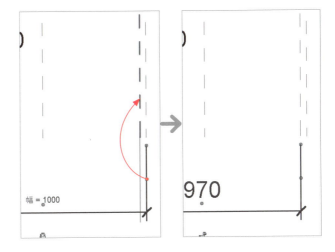

8 左側の寸法補助線上の青い丸を 2 で作成した参照面までドラッグする。寸法はさらに「**30**」小さくなり「**940**」となる

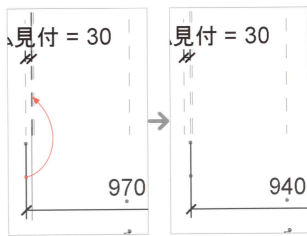

9 寸法が選択されたままで、リボンの[**修正|寸法**]タブ→[**寸法にラベルを付ける**]パネル→[**ラベル**]の▼ 7 をクリックし、[**幅**] 8 を選択してパラメータを付けなおす

ここまでの完成ファイルを、「**4-2-8.rfa**」として教材データに用意しています。

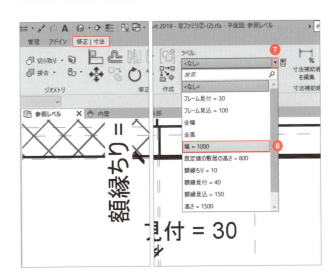

4-2-9 有効開口高さ位置を変更

「高さ」のパラメータ位置をフレーム内側に変更します。

1 [**プロジェクトブラウザ**]の[**立面図**]の[**外部**]をダブルクリックするか、ビューを切り替えるタブの[**外部**]をクリックする。リボンの[**作成**]タブ→[**基準面**]パネル→[**参照面**]をクリックする

2 [**上枠**]参照面の下側に水平の参照面を作成する

3 [**敷居**]参照面の上側に水平の参照面を作成する

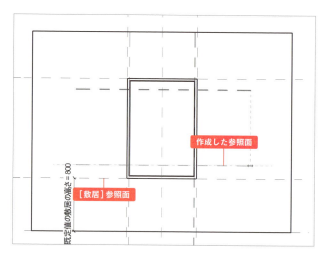

4 リボンの[注釈]タブ→[寸法]パネル→[平行寸法]をクリックし、[上枠]参照面と2で作成した参照面の間に寸法❶を作成する

5 さらに[敷居]参照面と3で作成した参照面の間に寸法❷を作成する

6 リボンの[修正]をクリックし、4で作成した寸法❶をクリックして選択する

7 リボンの[修正|寸法]タブ→[寸法にラベルを付ける]パネル→[ラベル]の▼❸をクリックし、[フレーム見付]❹を選択してパラメータを追加する

8 同様に、5で作成した寸法❷にも[フレーム見付]パラメータを追加する

9 [高さ]とパラメータ名の付いている寸法を選択する

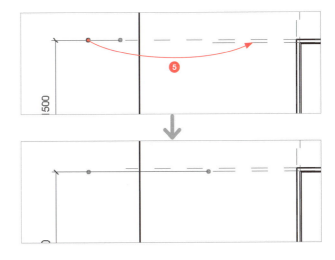

10 上側の寸法補助線上の青い丸を2で作成した参照面までドラッグする❺。[高さ]のパラメータが外れ、寸法は「30」小さくなり「1470」となる

| 11 | 下側の寸法補助線上の青い丸を 3 で作成した参照面までドラッグする 6 。寸法はさらに「**30**」小さくなり「**1440**」 7 となる

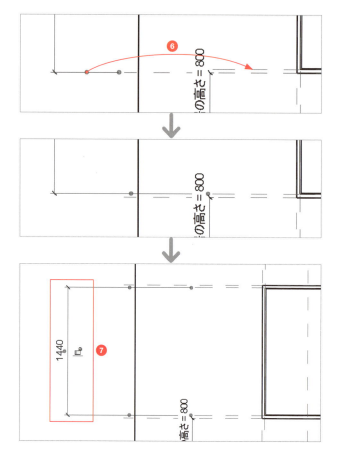

| 12 | 寸法が選択されたままで、リボンの [**修正｜寸法**] タブ→[**寸法にラベルを付ける**] パネル→[**ラベル**] の▼ 8 をクリックし、[**高さ**] 9 を選択してパラメータを付けなおす

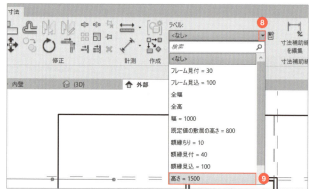

| 13 | [**既定の敷居の高さ**] とパラメータ名の付いている寸法を選択する 10 。寸法補助線上の青い丸を 3 で作成した参照面までドラッグする 11 。[**既定の敷居の高さ**] のパラメータが外れ、寸法は「**30**」大きくなり「**830**」 12 となる

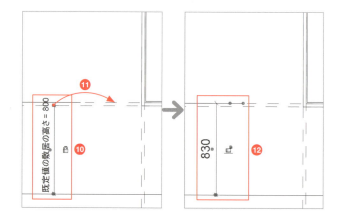

14 寸法が選択されたまま12と同様に、リボンの[**修正|寸法**]タブ→[**寸法にラベルを付ける**]パネル→[**ラベル**]の▼ ⑬ をクリックし、[**既定の敷居の高さ**] ⑭ を選択してパラメータを付けなおす

ここまでの完成ファイルを、「**4-2-9.rfa**」として教材データに用意しています。

4-2-10 開口のパラメータの動作確認

ここまでに作成したすべてのパラメータが動作し、モデルが動くかを確認します。

1 [**クイックアクセスツールバー**]の[**既定の3Dビュー**] ❶ をクリックし、3Dビューに切り替える

2 リボンの[**作成**]タブ→[**プロパティ**]パネル→[**ファミリタイプ**] ❷ をクリックする

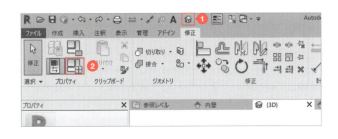

3 [**ファミリタイプ**]ダイアログボックスで、[**幅**]、[**フレーム見付**]、[**フレーム見込**] ❸ に任意の数値を入力して[**適用**]をクリックする

4 すべてのパラメータがエラーなく動作することを確認する

5 [**ファミリタイプ**]ダイアログボックスで下記のように設定し、[**OK**]をクリックする

◆ [**フレーム見付**]に「**30**」と入力する
◆ [**フレーム見込**]に「**100**」と入力する
◆ [**額縁見込**]に「**100**」と入力する
◆ [**幅**]に「**1000**」と入力する

ここまでの完成ファイルを、「**4-2-10.rfa**」として教材データに用意しています。

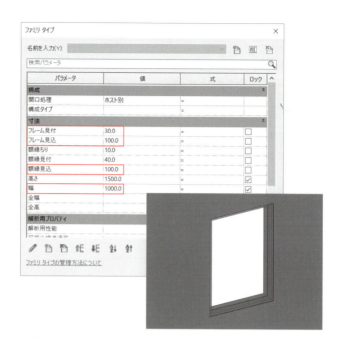

4-2-11 サブカテゴリを設定

額縁とフレームに「サブカテゴリ」を設定します。サブカテゴリに「線の太さ」、「線の色」、「線種パターン」、「マテリアル」を設定します。

サブカテゴリを確認

1 リボンの[**管理**]タブ→[**設定**]パネル→[**オブジェクトスタイル**]をクリックする

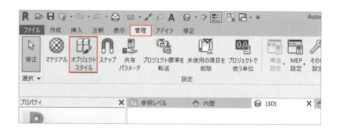

2 [**オブジェクトスタイル**]ダイアログボックスが表示される。[**サブカテゴリ**]ごとに[**線の太さ**]、[**線の色**]、[**線種パターン**]、[**マテリアル**]が設定できることを確認する。確認したら[**OK**]をクリックする

> **HINT**
> [**カテゴリ**]は「壁」や「窓」を、[**サブカテゴリ**]はその中に含まれる[**ガラス**]や[**フレーム/マリオン**]などを指します。もし[**カテゴリ**]が図のように展開していない場合は、[**+**]をクリックして展開します。

フレームにサブカテゴリを設定

フレームにサブカテゴリを設定します。

1 フレーム❶を選択する

> **HINT**
> フレームは[EXTERIOR]側にあるので、背面が見えるように[ビューキューブ]などで視点を回転させてください。

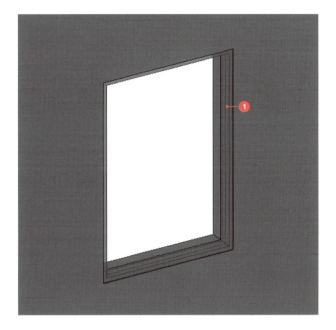

2 [プロパティ]パレットの[識別情報]→[サブカテゴリ]のセル❷をクリックし、表示された⌵❸をクリックして、[フレーム/マリオン]❹を選択する

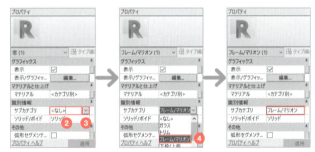

> **HINT**
> サブカテゴリとは、レイヤ(画層)のようなもので、部材ごとに「線の太さ」、「線の色」、「線種パターン」、「マテリアル」を設定することができます。
> ファミリ側でサブカテゴリを設定しておくことで、ロードされたプロジェクト側でテンプレートごとのサブカテゴリの設定を認識し、共通の2D表現および3D表現ができます。

額縁にサブカテゴリを設定

1 リボンの[管理]タブ→[設定]パネル→[オブジェクトスタイル]をクリックする

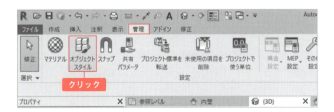

2 [**オブジェクトスタイル**]ダイアログボックスが表示される。ダイアログボックス右下の[**サブカテゴリを修正**]の[**新規作成**]❶をクリックする

3 [**サブカテゴリを新規作成**]ダイアログボックスが表示される。[**名前**]に[**額縁**]❷と入力し、[**次のサブカテゴリ**]で[**窓**]❸を選択して[**OK**]をクリックする

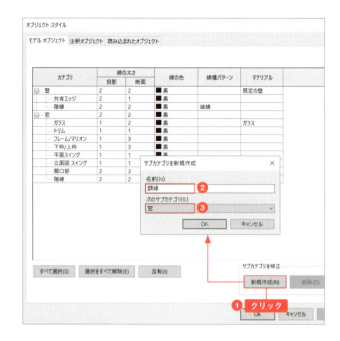

4 [**オブジェクトスタイル**]ダイアログボックスに[**額縁**]が追加されたことを確認し、[**OK**]をクリックする

5 額縁❹を選択する

HINT

額縁は[INTERIOR]側にあるので、前面が見えるように[**ビューキューブ**]などで視点を回転させてください。

6 [**プロパティ**]パレットの[**識別情報**]→[**サブカテゴリ**]で[**額縁**]❺を選択する

 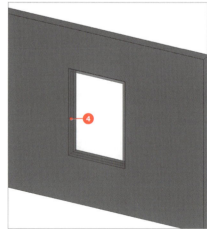

フレームと額縁にサブカテゴリを設定しました。次項ではサブカテゴリにマテリアルを設定します。
ここまでの完成ファイルを、「**4-2-11.rfa**」として教材データに用意しています。

4-2-12 サブカテゴリ設定を確認

サブカテゴリにマテリアルを設定することで、フレームと額縁にサブカテゴリのマテリアルが反映されるかを確認します。

マテリアルを作成

1. リボンの[**管理**]タブ→[**設定**]パネル→[**マテリアル**]をクリックする

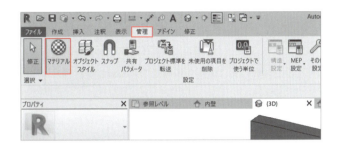

2. [**マテリアルブラウザ**]ダイアログボックスが表示される。[**ライブラリパネル**]の左のツリーリストから[**AECマテリアル**]❶→[**金属**]❷を選択する

> **HINT**
> [**ライブラリパネル**]が表示されていない場合は、[**ライブラリを表示/非表示**]❸をクリックします。

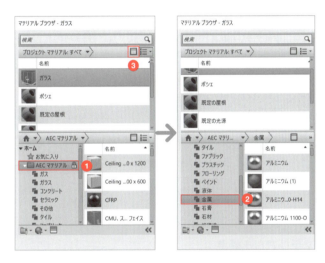

3. [**ライブラリパネル**]の右のリストからフレームに設定したい任意のマテリアル(ここでは[**アルミニウム5052**])❹を選択し、▲をクリックする。[**プロジェクトマテリアル**]に選択したマテリアルが追加される

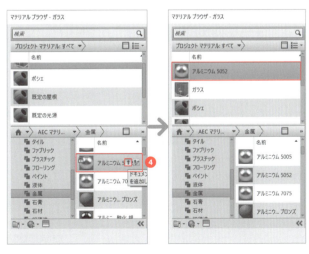

4 [**マテリアルブラウザ**]ダイアログボックスの右側の[**グラフィックス**]タブで、[**シェーディング**]の[**レンダリングの外観を使用**]にチェックを入れる

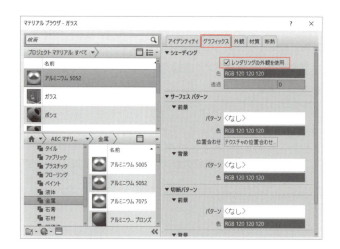

5 [**ライブラリパネル**]の左のツリーリストから[**AECマテリアル**]→[**木材**]❺を選択する

6 [**ライブラリパネル**]の右のリストから額縁に設定したい任意のマテリアル（ここでは[**木材**]）❻を選択し、⬆をクリックする。[**プロジェクトマテリアル**]に選択したマテリアルが追加される

7 [**グラフィックス**]タブで、[**シェーディング**]の[**レンダリングの外観を使用**]❼にチェックを入れ、[**OK**]をクリックする

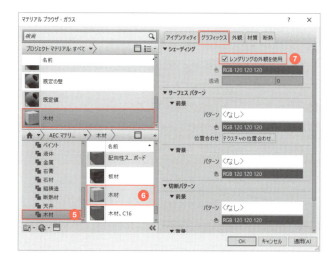

マテリアルを設定

1 リボンの[**管理**]タブ→[**設定**]パネル→[**オブジェクトスタイル**]をクリックする

2 [**オブジェクトスタイル**]ダイアログボックスが表示される。[**カテゴリ**]の[**フレーム/マリオン**]❶をクリックし、[**マテリアル**]のセル❷をクリックする。クリックしたセル内に表示される…ボタンをクリックする

3 [**マテリアルブラウザ**]ダイアログボックスが表示される。[**アルミニウム5052**]を選択し、[**OK**]をクリックする

4 [**オブジェクトスタイル**]ダイアログボックスで、[**フレーム/マリオン**]の[**マテリアル**]にマテリアルが設定されたことを確認する

5 同様の方法で[**額縁**]の[**マテリアル**]に[**木材**]を設定して、[**OK**]をクリックする

6 [**クイックアクセスツールバー**]の[**既定の3Dビュー**]をクリックして3Dビューに切り替え、マテリアルが設定されていることを確認する

HINT

ファミリのサブカテゴリで設定されたマテリアルは、ロードされたプロジェクトには反映されません(プロジェクト側のサブカテゴリ設定に準拠します)。

ここまでの完成ファイルを、「**4-2-12.rfa**」として教材データに用意しています。

4-2-13 サブカテゴリにマテリアルパラメータを作成

サブカテゴリで設定するマテリアルは、すべての窓ファミリに共通で設定されてしまうため、個々の窓ファミリのマテリアルを変更することができません。額縁とフレームにマテリアルパラメータを作成して、個々の窓ファミリに任意のマテリアルを設定できるようにします。

マテリアルパラメータを作成

1. 3Dビューのままでフレーム部分❶を選択する

2. [**プロパティ**]パレットで[**マテリアルと仕上げ**]の[**マテリアル**]右側にある ❷をクリックする

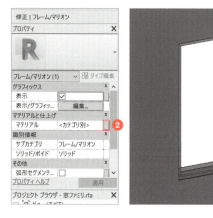

3. [**ファミリパラメータの関連付け**]ダイアログボックスが表示される。左下にある[**新しいパラメータ**]❸をクリックする

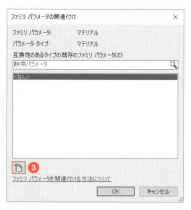

4. [**パラメータプロパティ**]ダイアログボックスが表示されるので、下記のように設定して[**OK**]をクリックする
   ◆ [**名前**]に「**フレームマテリアル**」❹と入力する
   ◆ [**タイプ**]❺が選択されていることを確認する
   ◆ [**パラメータグループ**]が[**マテリアルと仕上げ**]❻であることを確認する

5. [**ファミリパラメータの関連付け**]ダイアログボックスの[**OK**]をクリックする

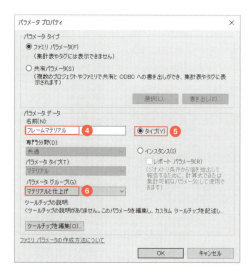

6 　1～5と同様の操作で、額縁にも[**額縁マテリアル**]というパラメータを作成する

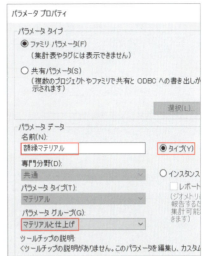

7 　リボンの[**作成**]タブ→[**プロパティ**]パネル→[**ファミリタイプ**]をクリックする

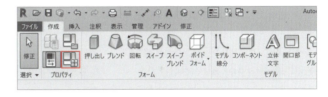

8 　[**ファミリタイプ**]ダイアログボックスが表示される。[**マテリアルと仕上げ**]グループが追加され、[**フレームマテリアル**]と[**額縁マテリアル**]が作成されていることを確認する

9 　[**フレームマテリアル**]の[**<カテゴリ別>**] 7 をクリックし、表示される…ボタンをクリックする

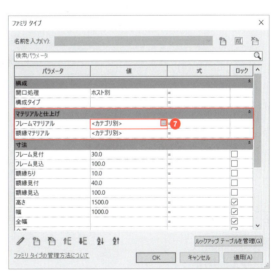

10 　[**マテリアルブラウザ**]ダイアログボックスが表示される。「**マテリアルの作成**」の 2 ～ 3 （P.131）と同様に、任意の金属マテリアルを追加する（ここでは[**ステンレス鋼-ブラシ仕上げ**] 8 を追加）

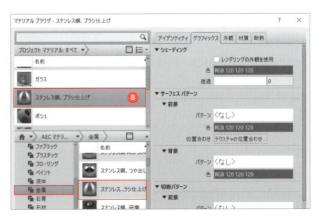

| 11 | 同様に、任意の木材マテリアルを追加する(ここでは[**チーク材**] ❾ を追加)

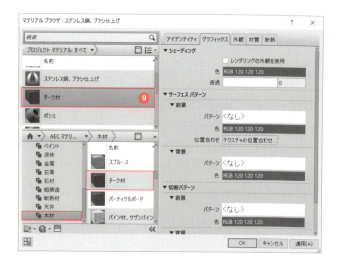

| 12 | [**プロジェクトマテリアル**]で、❿ で追加した[**ステンレス鋼-ブラシ仕上げ**]) ❿ を選択する。[**グラフィックス**]タブの[**シェーディング**]の[**レンダリングの外観を使用**] ⓫ にチェックを入れて、[**OK**]をクリックする

| 13 | [**ファミリタイプ**]ダイアログボックスで[**額縁マテリアル**]の[**<カテゴリ別>**]をクリックし、表示される…ボタンをクリックする

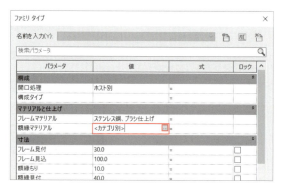

| 14 | [**マテリアルブラウザ**]ダイアログボックスの[**プロジェクトマテリアル**]で、⓫ で追加した[**チーク材**] ⓬ を選択する。[**グラフィックス**]タブの[**シェーディング**]の[**レンダリングの外観を使用**] ⓭ にチェックを入れて、[**OK**]をクリックする

15 [**フレームマテリアル**]と[**額縁マテリアル**]にそれぞれマテリアルが設定されたことを確認し、[**ファミリタイプ**]ダイアログボックスの[**OK**]をクリックする

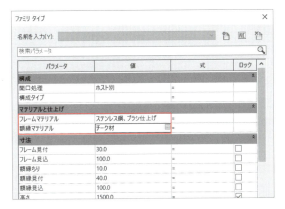

16 マテリアルが設定されていることを確認する

サブカテゴリ優先に戻す

1 リボンの[**作成**]タブ→[**プロパティ**]パネル→[**ファミリタイプ**] ❶ をクリックする

2 [**ファミリタイプ**]ダイアログボックスが表示される。[**マテリアルと仕上げ**]の[**フレームマテリアル**]のマテリアル名(ここでは[**ステンレス鋼-ブラシ仕上げ**]) ❷ を選択し、表示される ボタンをクリックする

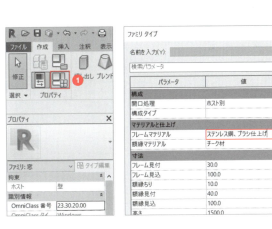

3 [**マテリアルブラウザ**]ダイアログボックスが表示される。ダイアログボックス左下の[**カテゴリ別**]ボタンをクリックする

4 [**ファミリタイプ**]ダイアログボックスに戻る。マテリアル名が[**<カテゴリ別>**] ④ になったことを確認する

5 同様の操作で[**額縁マテリアル**]のマテリアルも[**<カテゴリ別>**] ⑤ にし、[**ファミリタイプ**]ダイアログボックスの[**OK**]をクリックする

6 マテリアルが設定されていることを確認する

これで「4-2 窓の額縁・フレームを作成」が終了です。作成したデータは、[**ファイル**]→[**名前を付けて保存**]→[**ファミリ**]を選択して「**窓.rfa**」として保存し、ファイルを閉じます。
ファミリの拡張子は「**.rfa**」です。
ここまでの完成ファイルを、「**窓4-2.rfa**」として教材データに用意しています。

3 基本パネルを作成

部品が多いファミリは1つのファミリファイルの中ですべての形状を作成するのではなく、別ファミリを作成してネスト(入れ子構造)という方法で部材を組み立てていきます。ここでは、「FIX」、「引き違い」、「倒し」の各パネルのもとにする基本パネルを作成します。

- 4-3-1 テンプレートを選択しカテゴリを変更
- 4-3-2 框のパラメータを作成
- 4-3-3 框を作成
- 4-3-4 ガラスを作成
- 4-3-5 サブカテゴリを設定
- 4-3-6 2D(平面図)での表示を設定
- 4-3-7 2D(断面図)での表示を設定
- 4-3-8 表示設定を確認

4-3-1 新規ファミリを作成してカテゴリを設定

窓の部品ではありますが、「窓(メートル単位)」のテンプレートを使用すると、障子部材の作成に不必要な壁やパラメータなどの設定が含まれます。そこでここでは、「一般モデル(メートル単位)」テンプレートを利用し、カテゴリを窓ファミリに変更して使用します。

1 Revitを起動し、[**ホーム**]の[**ファミリ**]の[**新規作成**]をクリックする

2 [**新しいファミリ-テンプレートファイルを選択**]ダイアログボックスから、[**一般モデル(メートル単位).rft**]を選択し、[**開く**]をクリックする。新しいファイルが開く

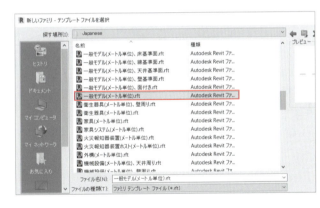

3 リボンの[**作成**]タブ→[**プロパティ**]パネル→[**ファミリカテゴリとパラメータ**]をクリックする

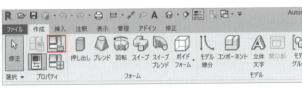

4 [**ファミリカテゴリとパラメータ**]ダイアログボックスが表示される。[**ファミリカテゴリ**]の[**フィルタリスト**]で[**建築**]❸だけにチェックを入れる。リストから[**窓**]❹を選択して[**OK**]をクリックする

ここまでの完成ファイルを、「**4-3-1.rfa**」として教材データに用意しています。

4-3-2 框のパラメータを作成

框部分の「幅」、「厚さ」、「高さ」、「框見付」のパラメータを作成します。

幅と厚さのパラメータを作成

| 1 | [**参照レベル**]タブ ① が開いていることを確認する |

| 2 | リボンの[**作成**]タブ→[**基準面**]パネル→[**参照面**] ② をクリックする |

| 3 | [**中心（左/右）**]参照面の左側と右側の任意の位置に、それぞれ垂直の参照面を作成する |

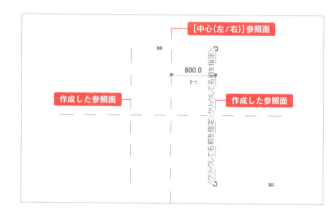

| 4 | [**中心（正面/背面）**]参照面の上側と下側の任意の位置に、それぞれ水平の参照面を作成する |

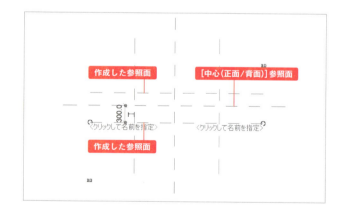

| 5 | リボンの[**修正**]をクリックしてから、作成した参照面を選択し、それぞれ、「**左**」、「**右**」、「**正面**」、「**背面**」と名前を付ける |

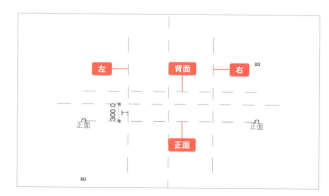

| 6 | リボンの[**注釈**]タブ→[**寸法**]パネル→[**平行寸法**]をクリックする |

| 7 | [**左**]参照面❶→[**中心(左/右)**]参照面❷→[**右**]参照面❸の順にクリックし、寸法位置❹をクリックして寸法を入力する |

| 8 | 中心を基準として均等にサイズ変更するため、寸法付近にある[**EQ**]マーク❺をクリックする |

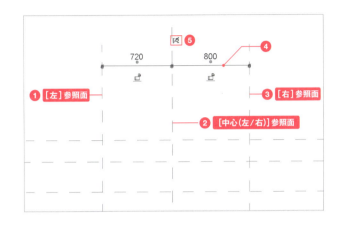

| 9 | 寸法値が「**EQ**」に変わり、左右の寸法が対称に変更される |

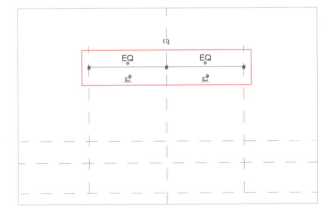

| 10 | 同様に、[**正面**]参照面→[**中心(正面/背面)**]参照面→[**背面**]参照面の順にクリックし、寸法位置をクリックして寸法を入力❻する |

| 11 | 中心を基準として均等にサイズ変更するため、寸法付近にある[**EQ**]マーク❼をクリックする |

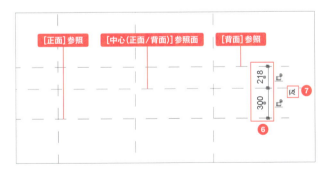

| 12 | 寸法値が「**EQ**」に変わり、上下の寸法が対称に変更される |

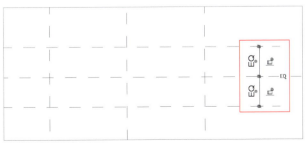

13 [左]参照面と[右]参照面の間に寸法を入力する❽。さらに[正面]参照面と[背面]参照面の間に寸法を入力する❾。リボンの[修正]をクリックする

14 [左]参照面と[右]参照面の間の寸法❽を選択する

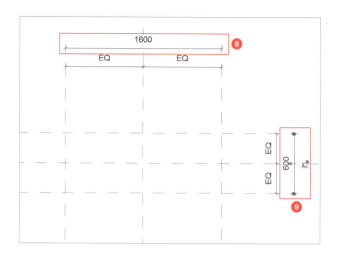

15 リボンの[修正|寸法]タブ→[寸法にラベルを付ける]パネル→[ラベル]の[<なし>]❿をクリックし、[幅]⓫を選択してパラメータを付ける

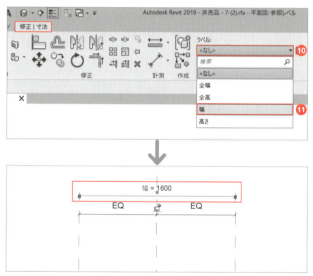

16 同様に[正面]参照面と[背面]参照面の間の寸法に[厚さ]というパラメータを付ける。[厚さ]パラメータは 15 のように[ラベル]から選択できない。このためP.117の 2 ～ 4 を参考に設定する。寸法❾を選択後、リボンの[修正|寸法]タブ→[寸法にラベルを付ける]パネル→[パラメータを作成]⓬をクリックする。[パラメータプロパティ]ダイアログボックスでは下記のように設定し、[OK]をクリックする
◆ [名前]に「厚さ」⓭と入力する
◆ [タイプ]⓮が選択されていることを確認する
◆ [パラメータグループ]が[寸法]⓯であることを確認する

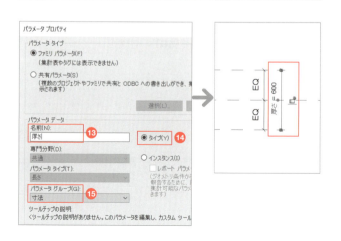

17　リボンの[作成]タブ→[プロパティ]パネル→[ファミリタイプ]をクリックする

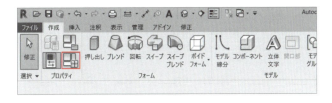

18　[ファミリタイプ]ダイアログボックスで[幅]に「**1000**」、[厚さ]に「**30**」と入力し、[適用]をクリックする

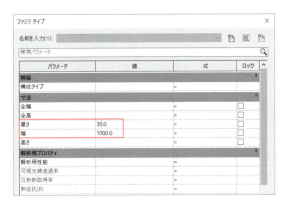

19　パラメータがエラーなく動作することを確認し、[ファミリタイプ]ダイアログボックスの[OK]をクリックする

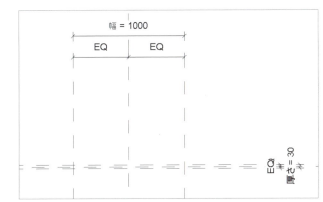

高さと框見付のパラメータを作成

1　[プロジェクトブラウザ]の[立面図]の[正面]をダブルクリックして、ビューを切り替える

2　リボンの[作成]タブ→[基準面]パネル→[参照面]をクリックする

3 [**参照レベル**]の上側の任意の位置に、水平に参照面を作成し、「**上**」と名前を付ける

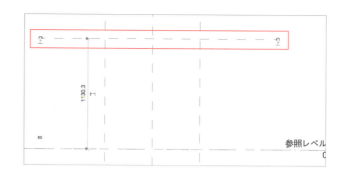

4 リボンの[**注釈**]タブ→[**寸法**]パネル→[**平行寸法**]で、[**参照レベル**]と[**上**]参照面の間に寸法を入力する

5 リボンの[**修正**]をクリックして、作成した寸法を選択する。リボンの[**修正|寸法**]タブ→[**寸法にラベルを付ける**]パネル→[**ラベル**]の[**<なし>**]をクリックして[**高さ**]を選択し、パラメータを付ける

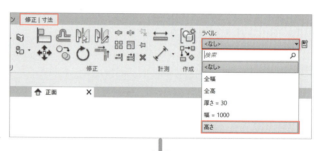

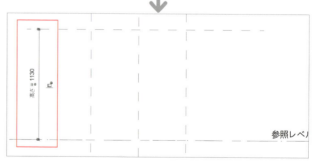

6 再度、リボンの[**作成**]タブ→[**基準面**]パネル→[**参照面**]をクリックして、[**左**]、[**右**]、[**上**]、[**参照レベル**]の各参照面の内側、任意の位置にそれぞれ参照面を作成する

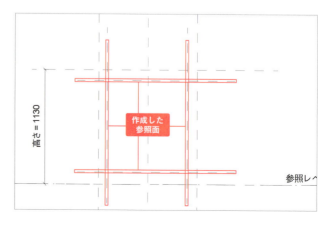

| 7 | リボンの[**注釈**]タブ→[**寸法**]パネル→[**平行寸法**]で、6 で作成した参照面と、[**左**]、[**右**]、[**上**]、[**参照レベル**]の各参照面の間に寸法を作成する

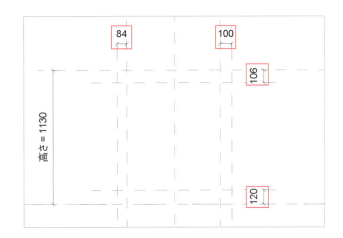

| 8 | リボンの[**修正**]をクリックして、7 で作成した寸法のいずれか1つを選択する。リボンの[**修正|寸法**]タブ→[**寸法にラベルを付ける**]パネル→[**パラメータを作成**]をクリックする

| 9 | [**パラメータプロパティ**]ダイアログボックスで下記のように設定し、[**OK**]をクリックする
◆ [**名前**]に「**框見付**」❶と入力する
◆ [**タイプ**]❷が選択されていることを確認する
◆ [**パラメータグループ**]が[**寸法**]❸であることを確認する

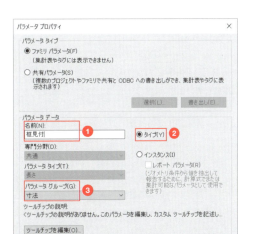

| 10 | ほかの3つの寸法をそれぞれ選択し、リボンの[**修正|寸法**]タブ→[**寸法にラベルを付ける**]パネル→[**ラベル**]の[**<なし>**]をクリックして[**框見付**]を選択する。7 で作成した寸法すべてにパラメータが付く

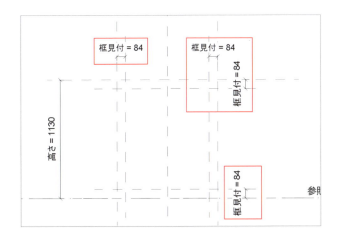

11 リボンの[**作成**]タブ→[**プロパティ**]パネル→[**ファミリタイプ**]をクリックする

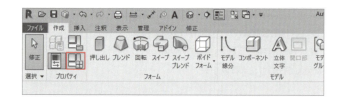

12 [**ファミリタイプ**]ダイアログボックスで[**框見付**]に「**50**」、[**高さ**]に「**1000**」と入力し、[**適用**]をクリックする

13 パラメータがエラーなく動作することを確認し、[**ファミリタイプ**]ダイアログボックスの[**OK**]をクリックする

ここまでの完成ファイルを、「4-3-2.rfa」として教材データに用意しています。

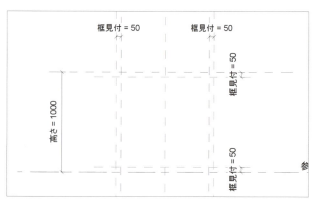

HINT

ここでは框の見付を上下左右すべて同じサイズにしましたが、「下」のみサイズを変更したいときなどは、別のパラメータ(例えば図のような「框見付下」など)を作成して付けます。

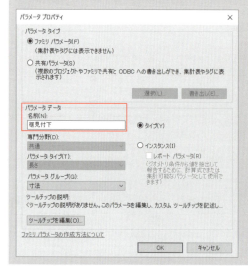

4-3-3 框を作成

框を作成します。框は「幅」、「厚さ」、「高さ」、「框見付」のパラメータで変更できるようにします。

框を[押し出し]で作成

1. リボンの[**作成**]タブ→[**フォーム**]パネル→[**押し出し**]をクリックする

2. 続けてリボンの[**修正 | 作成 押し出し**]タブ→[**描画**]パネル→[**長方形**]をクリックする

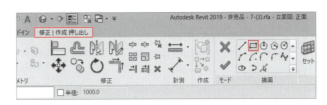

3. [**左**]、[**右**]、[**上**]、[**参照レベル**]の各参照面と重なる位置(図に示した位置)に長方形を作成する

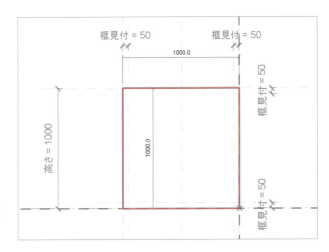

4. 4カ所のロック記号をクリックし、長方形と各参照面をロックする

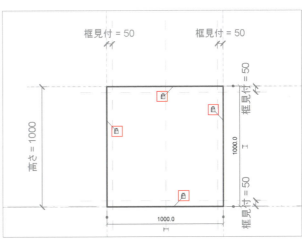

| 5 | 内側の参照面と重なる位置(図で示した位置)にも長方形を作成する |

| 6 | 4カ所のロック記号をクリックし、長方形と各参照面をロックする |

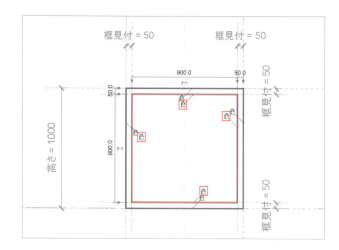

| 7 | リボンの[**修正|作成 押し出し**]タブ→[**モード**]パネル→[**編集モードを終了**]をクリックする |

| 8 | ビューを切り替えるタブで[**参照レベル**]をクリックする。リボンの[**修正**]をクリックする |

框を参照面に合わせる

| 1 | リボンの[**修正**]タブ→[**修正**]パネル→[**位置合わせ**]をクリックする |

| 2 | [**背面**]参照面❶をクリックし、作成された押し出し形状の上側❷をクリックして位置を合わせる |

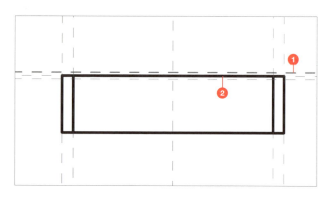

3 続けて線上に表示されたロック記号❸をクリックし、参照面と押し出し形状の面をロックする

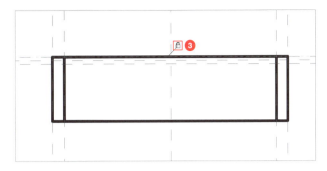

4 同様に[正面]参照面❹をクリックし、作成された押し出し形状の下側❺をクリックして位置を合わせる

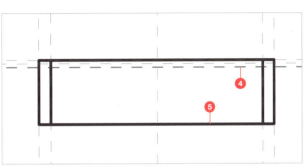

5 続けて線上に表示されたロック記号❻をクリックし、参照面と押し出し形状の面をロックする

6 リボンの[修正]をクリックする

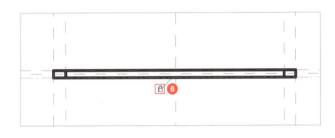

動作を確認

1 [クイックアクセスツールバー]の[既定の3Dビュー]をクリックし、3Dビューに切り替える

2 [ビューコントロールバー]の[表示スタイル]❶から[べた塗り]❷をクリックする。色が表示されて形状がわかりやすくなる

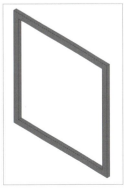

3 リボンの[**作成**]タブ→[**プロパティ**]パネル→[**ファミリタイプ**]をクリックする

4 [**ファミリタイプ**]ダイアログボックスが表示されるので、[**厚さ**]、[**幅**]、[**框見付**]、[**高さ**]のそれぞれのパラメータに任意の数値を入力して[**適用**]をクリックする。すべてのパラメータがエラーなく動作することを確認する

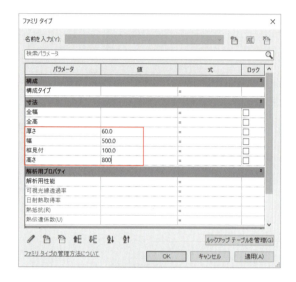

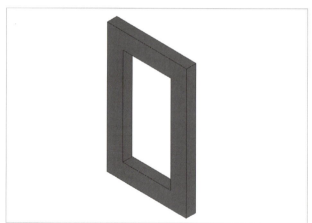

5 パラメータの動作を確認したら、[**厚さ**]に「**30**」、[**幅**]に「**1000**」、[**框見付**]に「**50**」、[**高さ**]に「**1000**」と入力し、[**OK**]をクリックする

ここまでの完成ファイルを、「**4-3-3.rfa**」として教材データに用意しています。

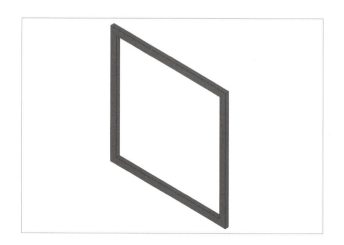

4-3-4 ガラスを作成

ガラスを作成します。ガラスの高さと幅は框で作成した参照面に拘束させるため、新たなパラメータを作成する必要はありません。

1. [**プロジェクトブラウザ**]の[**立面図**]の[**正面**]をダブルクリックして、ビューを切り替える

HINT
ビューを切り替えるタブに[**正面**]がある場合は、タブをクリックして切り替えてもかまいません。

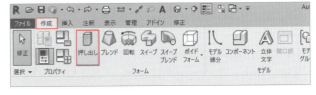

2. リボンの[**作成**]タブ→[**フォーム**]パネル→[**押し出し**]をクリックする

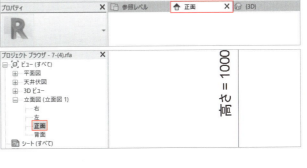

3. 続けてリボンの[**修正|作成 押し出し**]タブ→[**描画**]パネル→[**長方形**]をクリックする

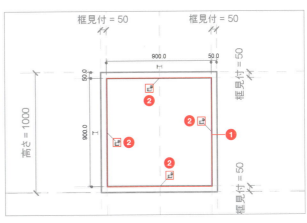

4. 内側の参照面と重なる位置(図に示した位置)に長方形 ❶ を作成する

5. 4カ所のロック記号 ❷ をクリックし、長方形と各参照面をロックする

6. リボンの[**修正**]をクリックする

7. [**プロパティ**]パレットの[**拘束**]の[**押出 終点端**]に「**5**」、[**押出 始端**]に「**-5**」と入力する

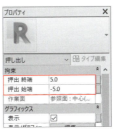

| 8 | リボンの[**修正|作成 押し出し**]タブ→[**モード**]パネル→[**編集モードを終了**]をクリックする |

| 9 | ビューを切り替えるタブで[**参照レベル**]をクリックする |

| 10 | リボンの[**注釈**]タブ→[**寸法**]パネル→[**平行寸法**]をクリックする |

| 11 | ガラスの厚さの寸法❸を作成する |

| 12 | 表示されるロック記号❹をクリックしてロックする。リボンの[**修正**]をクリックする |

HINT
ガラス面以外の参照面にスナップさせず、寸法値が「10」となるよう作成してください。

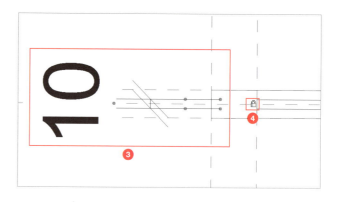

| 13 | [**クイックアクセスツールバー**]の[**既定の3Dビュー**]をクリックし、3Dビューに切り替えて形状を確認する |

ここまでの完成ファイルを、「**4-3-4.rfa**」として教材データに用意しています。

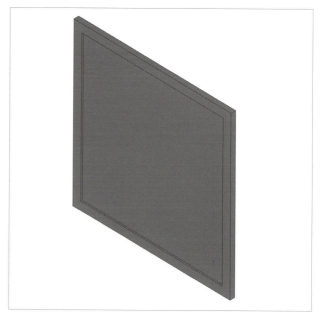

4-3-5 サブカテゴリを設定

框とガラス部分にサブカテゴリを設定します。それぞれのマテリアルは、ロードされたプロジェクトの各サブカテゴリのマテリアルに準じますので、ここでは確認しません。

1. 3Dビューのまま、框を選択する

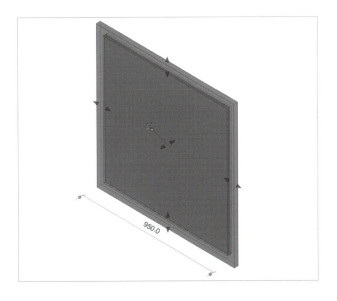

2. [**プロパティ**]パレットの[**識別情報**]→[**サブカテゴリ**]のセル ① をクリックし、表示される ☑ ② をクリックして、[**フレーム/マリオン**] ③ を選択する

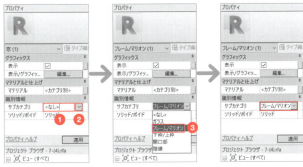

3. ガラス ④ を選択する。[**プロパティ**]パレットの[**識別情報**]→[**サブカテゴリ**]のセルをクリックし、表示される ☑ をクリックして、[**ガラス**] ⑤ を選択する

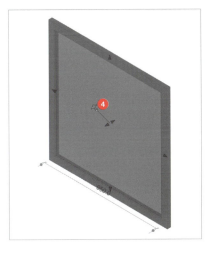

| 4 | マテリアルがガラスに変わる |

ここまでの完成ファイルを、「**4-3-5.rfa**」として教材データに用意しています。

4-3-6 2D（平面図）での表示を設定

3D形状を立面図だけで見えるように設定します。2Dの平面図の表現は、詳細レベルの[**簡略**]と[**標準**]・[**詳細**]で表現を変えられるように作成します。

3D形状を立面だけで表示

| 1 | ビューを切り替えるタブで[**参照レベル**]ビューに切り替える |

| 2 | フレーム❶とガラス❷の両方を選択する |

> **HINT**
> 2つの要素を選択するときは、2つ目の要素を Ctrl キーを押しながらクリックします。見た目ではわかりにくいですが、[**プロパティ**]パレット❸で2つの要素が選択されていることを確認できます。（ ）内が選択されている要素数です。

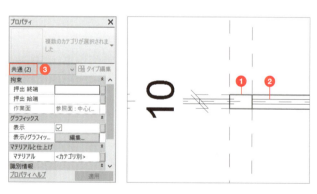

| 3 | リボンの[**修正|複数選択**]タブ→[**モード**]パネル→[**表示設定**]をクリックする |

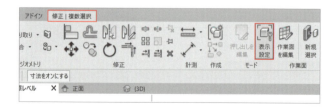

4 [**ファミリ要素の表示設定**]ダイアログボックスが表示されるので次のように設定し、[**OK**]をクリックする

◆ [**ビュー固定の表示**]で[**前/後**]以外のチェックを外す ④

◆ [**詳細レベル**]で[**簡略**]、[**標準**]、[**詳細**]のすべてにチェックが入っていることを確認する ⑤

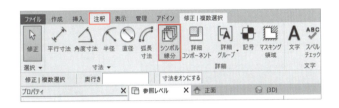

平面表現（ガラス）を作成

1 リボンの[**注釈**]タブ→[**詳細**]パネル→[**シンボル線分**]をクリックする

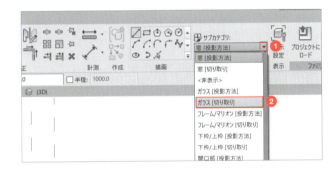

2 リボンの[**修正|配置 シンボル線分**]タブ→[**サブカテゴリ**]パネル→[**サブカテゴリ**]の▼ ① をクリックし、[**ガラス[切り取り]**] ② を選択する

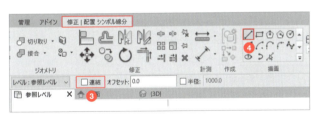

3 [**オプションバー**]で[**連結**] ③ のチェックを外す

4 リボンの[**修正|配置 シンボル線分**]タブ→[**描画**]パネル→[**線分**] ④ をクリックする

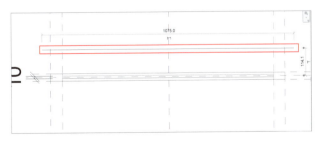

5 パネルの外側、任意の位置に水平に任意の長さの線分を作成する

6 リボンの[**修正**]をクリックする

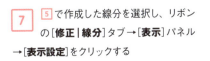

7 ⑤で作成した線分を選択し、リボンの[**修正|線分**]タブ→[**表示**]パネル→[**表示設定**]をクリックする

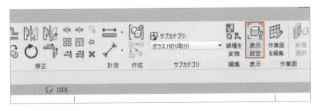

| 8 | [**ファミリ要素の表示設定**]ダイアログボックスで、[**インスタンスが切断された場合のみ表示**] ❺ にチェックを入れる。[**詳細レベル**]で[**簡略**]、[**標準**]、[**詳細**] ❻ のすべてにチェックが入っていることを確認し、[**OK**]をクリックする |

| 9 | リボンの[**修正 | 線分**]タブ→[**修正**]パネル→[**位置合わせ**]をクリックする |

| 10 | 図の参照面 ❼ をクリックし、作成した線分の左端部 ❽ をクリックして位置を合わせる |

| 11 | 続けて表示されたロック記号 ❾ をクリックし、参照面と線端部をロックする |

HINT

[**位置合わせ**]では、先にクリックした線分の位置に、後からクリックした線分が移動します。

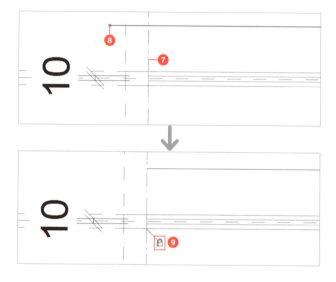

| 12 | 10〜11と同様に、図の参照面 ❿ をクリックし、線分右端部 ⓫ をクリックして位置を合わせ、ロック記号 ⓬ をクリックしてロックする |

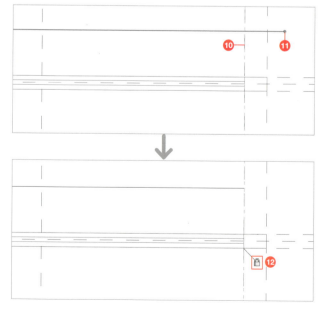

|13| |10|〜|11|と同様に図の[**中心(正面/背面)**]参照面 ⑬ をクリックし、線 ⑭ をクリックして位置を合わせ、ロック記号 ⑮ をクリックしてロックする

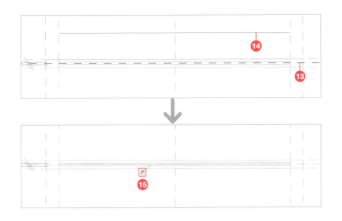

詳細図で表示しないガラスを作成

|1| リボンの[**注釈**]タブ→[**詳細**]パネル→[**シンボル線分**]をクリックする

|2| リボンの[**修正|配置 シンボル線分**]タブ→[**サブカテゴリ**]パネル→[**サブカテゴリ**]が[**ガラス[切り取り]**] ❶ になっていることを確認し、[**線分**] ❷ をクリックする

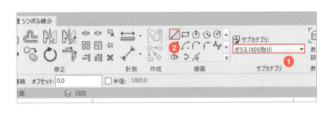

|3| [**左**]参照面 ❸ とその内側の参照面 ❹ との間、任意の位置に水平の短い線分 ❺ を作成する

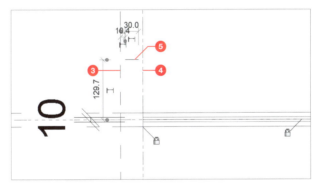

|4| [**右**]参照面 ❻ とその内側の参照面 ❼ との間、任意の位置に水平の短い線分 ❽ を作成する

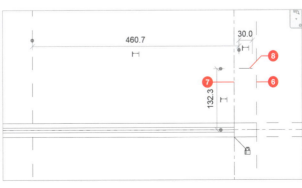

| 5 | リボンの[**修正**]をクリックする |

| 6 | 作成した2つの線分を選択し、リボンの[**修正|線分**]タブ→[**表示**]パネル→[**表示設定**] ❾ をクリックする |

| 7 | [**ファミリ要素の表示設定**]ダイアログボックスで、[**インスタンスが切断された場合のみ表示**] ❿ にチェックを入れる。[**詳細レベル**]の[**標準**]、[**詳細**] ⓫ のチェックを外し、[**OK**]をクリックする |

| 8 | リボンの[**修正|線分**]タブ→[**修正**]パネル→[**位置合わせ**]をクリックする |

| 9 | [**左**]参照面 ⓬ をクリックし、作成した線分の左端部 ⓭ をクリックして位置を合わせ、ロック記号 ⓮ をクリックしてロックする |

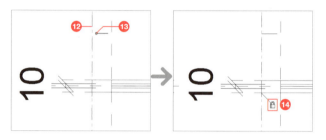

| 10 | ❾と同様に、図の参照面 ⓯ をクリックし、線分の右端部 ⓰ をクリックして位置を合わせ、ロック記号 ⓱ をクリックしてロックする |

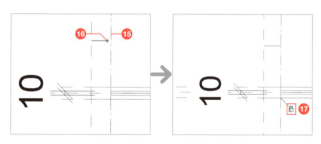

| 11 | さらに[**中心(正面/背面)**]参照面 ⓲ をクリックし、線分 ⓳ をクリックして位置を合わせ、ロック記号 ⓴ をクリックしてロックする |

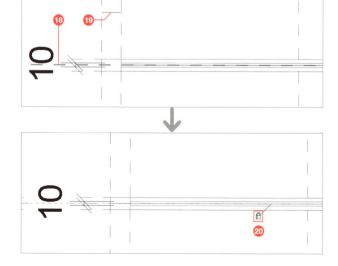

12 [**右**]参照面とその内側の参照面との間に作成した線分 21 も、9 〜 11 と同様に各参照面と位置を合わせて、ロックする

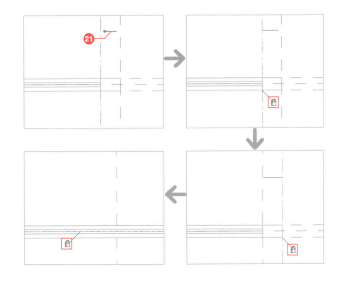

平面図（框）を作成

1 リボンの[**注釈**]タブ→[**詳細**]パネル→[**シンボル線分**]をクリックする

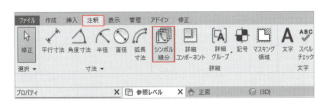

2 リボンの[**修正｜配置 シンボル線分**]タブ→[**サブカテゴリ**]パネル→[**サブカテゴリ**]で[**フレーム/マリオン[切り取り]**] ❶ を選択し、[**描画**]パネル→[**長方形**] ❷ をクリックする

3 [**背面**]、[**左**]、[**正面**]などの参照面と重なる位置（図に示した位置 ❸）に長方形を作成し、それぞれの参照面にロック ❹（4カ所）する

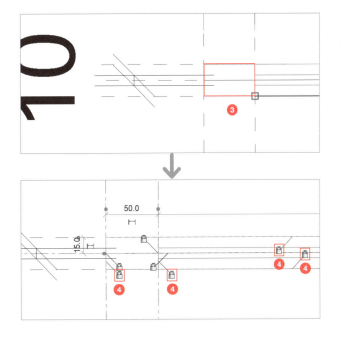

| 4 | [**背面**]、[**右**]、[**正面**]などの参照面と重なる位置(図に示した位置❺)に長方形を作成し、参照面にロックする

| 5 | リボンの[**修正**]をクリックする

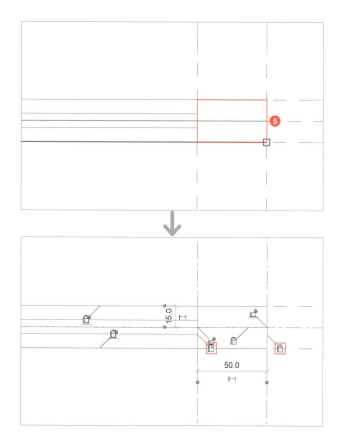

| 6 | 作成した2つの長方形を選択し、リボンの[**修正｜線分**]タブ→[**表示**]パネル→[**表示設定**]❻をクリックする

HINT

長方形の各辺には複数の形状が重なっています。 Tab キーを使って選択対象が長方形になったことを確認してからクリックします。2つ目の長方形は、 Tab キーを使って選択対象を設定してから、 Ctrl キーを押しながらクリックします。

| 7 | [**ファミリ要素の表示設定**]ダイアログボックスで、[**インスタンスが切断された場合のみ表示**]❼にチェックを入れる。[**詳細レベル**]の[**標準**]、[**詳細**]❽にチェックを入れ、[**OK**]をクリックする

ここまでの完成ファイルを、「**4-3-6.rfa**」として教材データに用意しています。

4-3-7 2D（断面図）での表示を設定

断面図の表現は、詳細レベルの[簡略]と[標準]・[詳細]で表現を変えられるように作成します。

断面表示（ガラス）を作成

1 [**プロジェクトブラウザ**]の[**立面図**]の[**右**]をダブルクリックして、ビューを切り替える

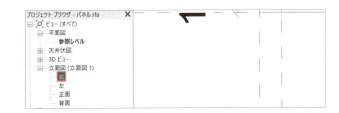

2 リボンの[**注釈**]タブ→[**詳細**]パネル→[**シンボル線分**]をクリックする

3 リボンの[**修正|配置 シンボル線分**]タブ→[**サブカテゴリ**]パネル→[**サブカテゴリ**]の▼をクリックし、[**ガラス[切り取り]**]を選択する

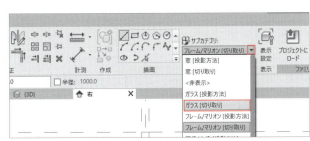

4 リボンの[**修正|配置 シンボル線分**]タブ→[**描画**]パネル→[**線分**]をクリックする

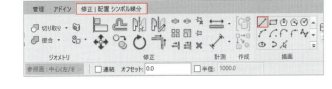

5 パネルの外側、任意の位置に任意の長さの垂直な線分を作成する

6 リボンの[**修正**]をクリックする

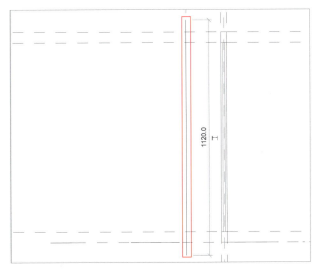

7 作成した線分を選択し、リボンの[**修正|線分**]タブ→[**表示**]パネル→[**表示設定**]をクリックする

8 [**ファミリ要素の表示設定**]ダイアログボックスで、[**インスタンスが切断された場合のみ表示**]❶にチェックを入れる。[**詳細レベル**]で[**簡略**]、[**標準**]、[**詳細**]❷のすべてにチェックが入っていることを確認し、[**OK**]をクリックする

9 リボンの[**修正|線分**]タブ→[**修正**]パネル→[**位置合わせ**]をクリックする

10 参照面❸をクリックし、作成した線分の上端部❹をクリックして位置を合わせ、ロック記号❺をクリックしてロックする

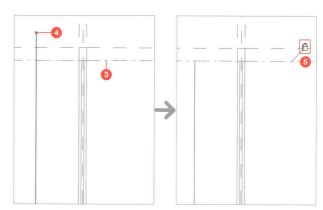

11 参照面❻をクリックし、作成した線分の上端部❼をクリックして位置を合わせ、ロック記号❽をクリックしてロックする

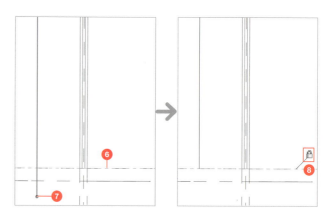

| 12 | さらに、[**中心(正面/背面)**]の参照面❾をクリックし、線分❿をクリックして位置を合わせ、ロック記号⓫をクリックしてロックする |

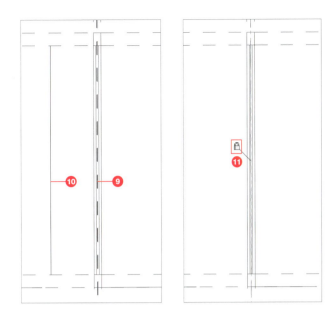

[簡略]だけで表示される線分を作成

| 1 | リボンの[**注釈**]タブ→[**詳細**]パネル→[**シンボル線分**]❶をクリックする。リボンの[**修正｜配置 シンボル線分**]タブ→[**サブカテゴリ**]パネルの[**サブカテゴリ**]が[**ガラス[切り取り]**]❷であることを確認し、[**描画**]パネル→[**線分**]❸をクリックする |

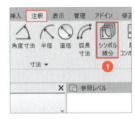 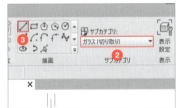

| 2 | 上の框部分、左右中央に縦に線分を作成する❹ |

| 3 | 線分を作成すると、ロック記号❺が表示されるのでロックする |

HINT
ロック記号が重なって表示されることもあります。

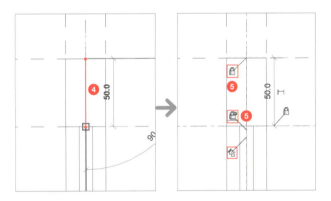

| 4 | 同様に下の框部分、左右中央に縦に線分を作成❻し、ロックする❼ |

| 5 | リボンの[**修正**]をクリックする |

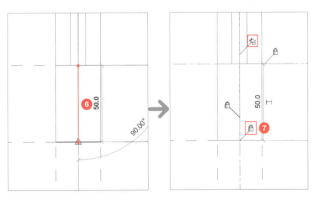

163

| 6 | 作成した2本の線分を選択し、リボンの[**修正|線分**]タブ→[**表示**]パネル→[**表示設定**]をクリックする |

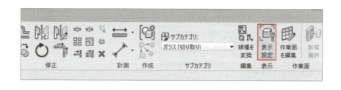

| 7 | [**ファミリ要素の表示設定**]ダイアログボックスで[**ファミリタイプ**]ダイアログボックスで[**インスタンスが切断された場合のみ表示**] ❽ にチェックを入れる。[**詳細レベル**]で[**標準**]、[**詳細**] ❾ のチェックを外し、[**OK**]をクリックする |

断面図(框)を作成

| 1 | リボンの[**注釈**]タブ→[**詳細**]パネル→[**シンボル線分**] ❶ をクリックする。リボンの[**修正|配置 シンボル線分**]タブ→[**サブカテゴリ**]パネルの[**サブカテゴリ**]で[**フレーム/マリオン[切り取り]**] ❷ を選択し、[**描画**]パネル→[**長方形**] ❸ をクリックする |

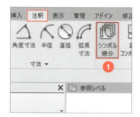 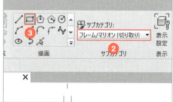

| 2 | 上の框形状部分に長方形を作成 ❹ し、参照面にそれぞれロックする ❺ |

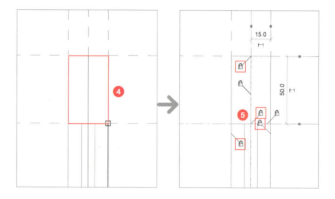

| 3 | 下の框形状部分に長方形を作成 ❻ し、参照面にそれぞれロックする ❼ |

| 4 | リボンの[**修正**]をクリックする |

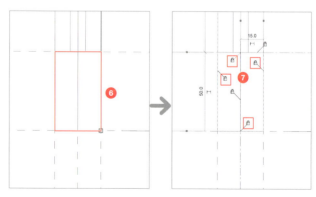

5 作成した2つの長方形を選択し、リボンの[**修正|線分**]タブ→[**表示**]パネル→[**表示設定**] ④ をクリックする

6 [**ファミリ要素の表示設定**]ダイアログボックスで、[**インスタンスが切断された場合のみ表示**] ⑤ にチェックを入れる。[**詳細レベル**]の[**標準**]、[**詳細**] ⑥ にチェックを入れて、[**OK**]をクリックする

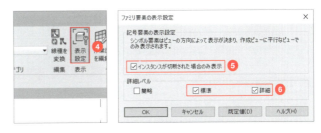

これで「4-3 基本パネルを作成」におけるデータ作成は終了です。作成したデータは、[**ファイル**]→[**名前を付けて保存**]→[**ファミリ**]を選択し、「**パネル.rfa**」として保存します。ここまでの完成ファイルを、「**パネル.rfa**」として教材データに用意しています。

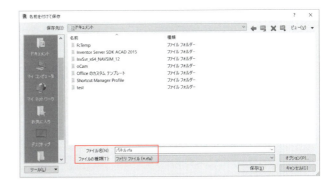

4-3-8 表示設定を確認

パネルの平面表示が[**簡略**]、[**標準**]、[**詳細**]で変更されるかを確認します。

1 前項までのファミリを開いたまま、[**ファイル**]→[**新規作成**]（▶）→[**ファミリ**]を選択する

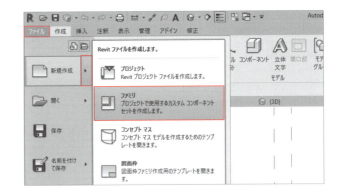

2 [**新しいファミリ・テンプレートファイルを選択**]ダイアログボックスから、[**窓(メートル単位).rft**]を選択して[**開く**]をクリックする

3 ビューを切り替えるタブで、[**パネル.rfa**]ファイルの[**参照レベル**]に切り替える

> **HINT**
> ビューを切り替えるタブには、現在開いているファイルのビューがすべて並んでいます。図では、[**パネル.rfa**]と新規に作成したファミリの[**参照レベル**]が2つあります。どちらの[**参照レベル**]かは、タブにカーソルを重ねて表示されるツールチップで確認できます。

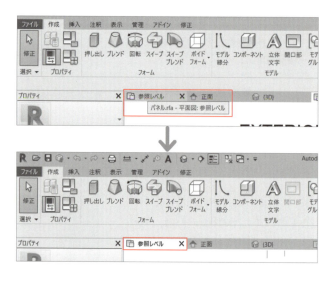

4 リボンの[**ファミリエディタ**]パネル→[**プロジェクトにロード**]をクリックする

5 ビューを切り替えるタブが①〜②で作成した新規ファミリの[**参照レベル**]に切り替わり、パネルが読み込まれる。任意の位置でクリックしてパネルを配置する。リボンの[**修正**]をクリックする

> **HINT**
> [**パネル.rfa**]と、①〜②で作成した新規ファミリ以外のファイルが開いている場合、[**プロジェクトにロード**]ダイアログボックスが表示され、ロードするファイルを選べます。

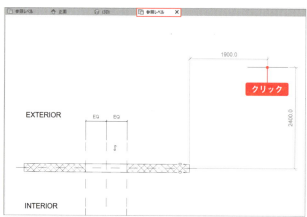

6 [**ビューコントロールバー**]の[**詳細レベル**]で[**簡略**]❶、[**標準**]❷、[**詳細**]❸と切り替え、それに伴いパネルの表示が切り替わることを確認する

[**簡略**]では、1本の線分で表示されます。[**標準**]と[**詳細**]では、端部に框が表現されます。

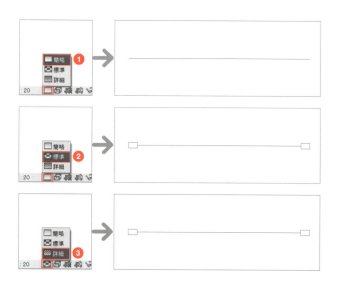

7 パネルの形状❺を選択し、[**プロパティ**]パレットの[**タイプ編集**]❻をクリックする

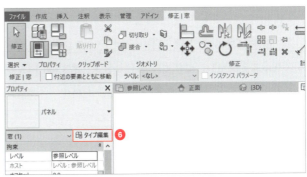

8 表示される[**タイププロパティ**]ダイアログボックスで、[**厚さ**]、[**幅**]、[**框見付**]、[**高さ**]❼の数値を変更して[**適用**]❽をクリックし、大きさが変わるかを確認❾する

HINT

表示やパラメータがうまく動作しない場合は、パネル形状を選択して、リボンの[**修正|窓**]タブ→[**モード**]パネル→[**ファミリを編集**]をクリックして[**パネル.rfa**]ファミリのファイルに戻り、ファミリを修正してください。

表示やパラメータによる変形を確認したら、確認用に作成したファミリファイルは保存せず閉じます。「**パネル.rfa**」ファミリは、上書き保存します。これで「4-3 **基本パネルを作成**」は終了です。

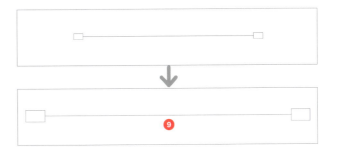

FIXパネルを作成

「**4-3 基本パネルを作成**」で作成したパネルをもとに、「FIX」、「倒し」、「引き違い」の3種類の表現ができるよう設定し、それぞれ保存します。まずは「FIX」パネルを作成します。正面から「FIX」という記号が見えるようにし、**必要ないときは非表示にできるようにします。**

4-4-1　FIX記号を作成　　　　　　　　　　4-4-4　背面のFIX記号を作成
4-4-2　FIX記号の位置を固定　　　　　　　4-4-5　表示設定
4-4-3　FIX記号の非表示/表示パラメータを作成　4-4-6　表示設定を確認

4-4-1 ＞ FIX記号を作成

ここで使用するファイル
パネル.rfa

立体文字を使い、「FIX」という文字記号を作成します。文字は、ガラス面の前面に作成します。

「パネル.rfa」を別名で保存

1 前項で作成した[**パネル.rfa**]ファイルを開き、[**ファイル**]タブ→[**名前を付けて保存**]→[**ファミリ**]を選択する

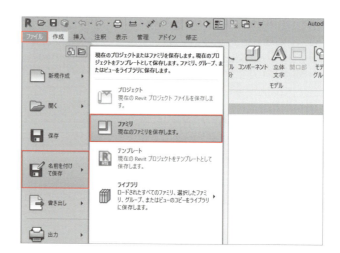

2 [**名前を付けて保存**]ダイアログボックスで、保存先として[**パネル**]フォルダを作成する。その中に[**ファイル名**]を「**FIX**」とし、[**ファイルの種類**]が[**ファミリファイル(*.rfa)**]であることを確認してから保存する

記号とする立体文字を作成

1 [**プロジェクトブラウザ**]の[**立面図**]の[**正面**]をダブルクリックして、ビューを切り替える

2 リボンの[**作成**]タブ→[**作業面**]パネル→[**セット**]をクリックする

3 [**作業面**]ダイアログボックスが表示される。[**新しい作業面を指定**]の[**名前**]で[**参照面：正面**]を選択し、[**OK**]をクリックする

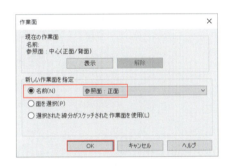

4 リボンの[**作成**]タブ→[**モデル**]パネル→[**立体文字**]をクリックする

5 [**文字を編集**]ダイアログボックスが表示される。「**FIX**」と入力し、[**OK**]をクリックする

| 6 | 図に示したあたりでクリックして立体文字を配置する |

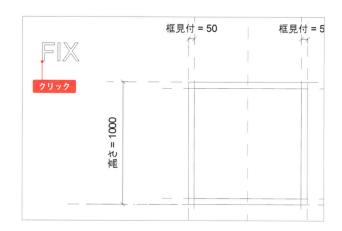

| 7 | 立体文字を選択し、[**プロパティ**]パレットの[**寸法**]の[**奥行き**]に「**0**」❶を入力する。続けて[**タイプ編集**]❷をクリックする |

| 8 | [**タイププロパティ**]ダイアログボックスが表示される。[**文字**]の[**文字サイズ**]に「**100**」❸を入力し、[**OK**]をクリックする |

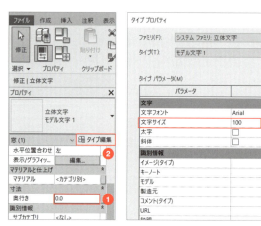

4-4-2 > FIX記号の位置を固定

パネルのサイズが変更されても、「FIX」の文字が常に中央に表示されるように固定します。

文字位置を中心にロック

| 1 | リボンの[**作成**]タブ→[**基準面**]パネル→[**参照面**]をクリックする |

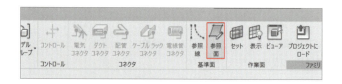

| 2 | パネル中心あたりの任意の位置に、水平の参照面を作成する |

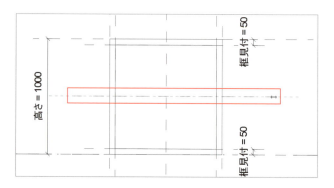

| 3 | リボンの[注釈]タブ→[寸法]パネル→[平行寸法] ① をクリックする |

| 4 | 一番上の参照面 ② → ② で作成した参照面 ③ →参照レベル ④ の順にクリックし、寸法位置をクリックして寸法を入力する。[EQ]マーク ⑤ をクリックし、上下の寸法を均等にする |

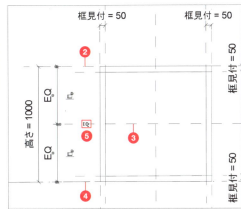

| 5 | リボンの[修正] ⑥ をクリックする |

| 6 | リボンの[修正]タブ→[修正]パネル→[位置合わせ] ⑦ をクリックする |

| 7 | ② で作成した参照面 ⑧ →「文字の中心に表示される横線」⑨ の順にクリックして位置を合わせる |

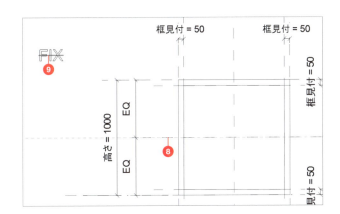

| 8 | ロック記号をクリックしてロックする |

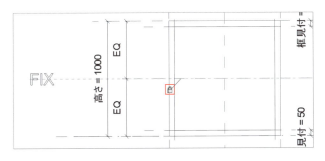

| 9 | [中心(左/右)]参照面 ⑩ →文字の左右中央 ⑪ の順にクリックして位置を合わせる |

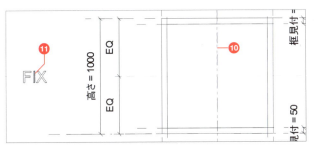

|10| ロック記号をクリックしてロックする

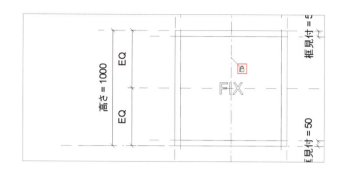

FIX記号の動作を確認

|1| リボンの[**作成**]タブ→[**プロパティ**]パネル→[**ファミリタイプ**]をクリックする

|2| [**ファミリタイプ**]ダイアログボックスで[**幅**]、[**高さ**]を変更して[**適用**]をクリックする。文字が常に中心にあることを確認したら、[**幅**]を「**1000**」、[**高さ**]を「**1000**」に戻して[**OK**]をクリックする

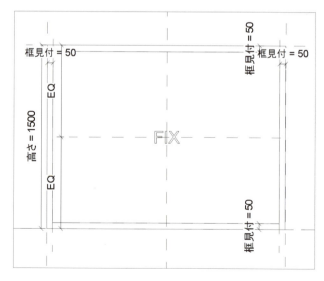

4-4-3 ＞ FIX記号の非表示/表示パラメータを作成

FIX記号の表示/非表示を切り替えられるようにするために、パラメータを作成します。

1. リボンの[**修正**]で文字「FIX」❶を選択し、[**プロパティ**]パレットの[**グラフィックス**]の[**表示**]右側にある■❷をクリックする

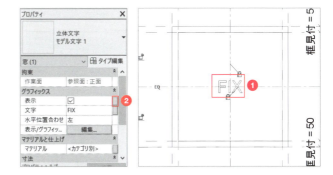

2. [**ファミリパラメータの関連付け**]ダイアログボックスが表示される。左下にある[**新しいパラメータ**]❸をクリックする

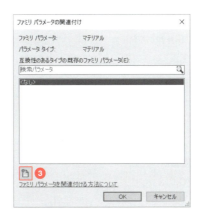

3. [**パラメータプロパティ**]ダイアログボックスが表示されるので、下記のように設定し、[**OK**]をクリックする
◆ [**名前**]に「**記号表示**」❹と入力する
◆ [**タイプ**]❺が選択されていることを確認する
◆ [**パラメータタイプ**]が[**はい/いいえ**]❻であることを確認する

4. [**ファミリパラメータの関連付け**]ダイアログボックスの[**OK**]をクリックする

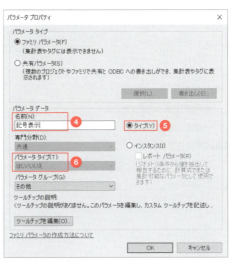

4-4-4 背面のFIX記号を作成

FIX記号を、正面と同様の操作で背面にも作成します。

1 [**プロジェクトブラウザ**]の[**立面図**]の[**背面**]をダブルクリックして、ビューを切り替える

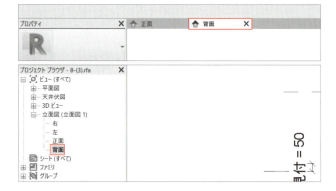

2 リボンの[**作成**]タブ→[**作業面**]パネル→[**セット**]をクリックする

3 [**作業面**]ダイアログボックスが表示される。[**新しい作業面を指定**]の[**名前**]で[**参照面:背面**]を選択し、[**OK**]をクリックする

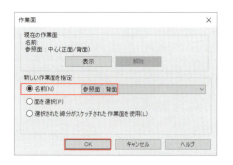

4 以降の作業を行いやすくするため、正面で作成した文字❶を選択し、[**ビューコントロールバー**]の[**一時的に非表示/選択表示**]❷から[**要素を非表示**]❸をクリックする

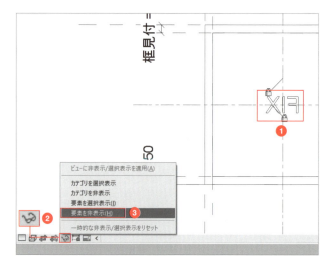

5 「記号とする立体文字を作成」の 4 (P.169) ～ 8 と同様に、「FIX」の立体文字を作成する

6 「文字位置を中心にロック」の 5 (P.171) ～ 10 と同様に、「FIX」の立体文字の位置を中心にロックする

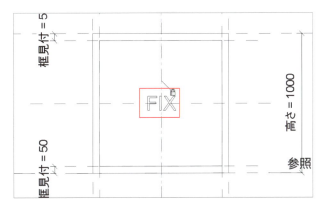

7 リボンの [**修正**] で文字「FIX」 4 を選択し、[**プロパティ**] パレットの [**グラフィックス**] の [**表示**] 右側にある □ 5 をクリックする

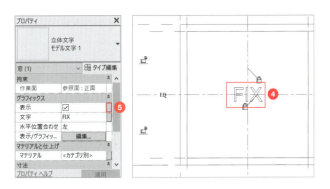

8 [**ファミリパラメータの関連付け**] ダイアログボックスが表示される。[**記号表示**] を選択し、[**OK**] をクリックする

9 [**ビューコントロールバー**] の [**一時的に非表示/選択表示**] 6 から [**一時的に非表示/選択表示をリセット**] 7 をクリックし、正面で作成した文字を表示させる

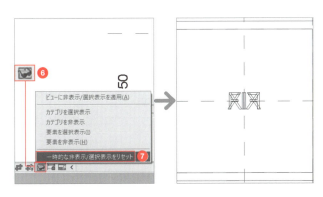

4-4-5　FIX記号の表示設定

「FIX」の記号が、立面図だけに表示されるよう設定します。

1 どちらかの「FIX」の記号を選択し、リボンの[**修正|立体文字**]タブ→[**文字**]パネル→[**表示設定**]をクリックする

2 [**ファミリ要素の表示設定**]ダイアログボックスが表示される。[**ビュー固有の表示**]で[**前/後**]❶だけにチェックを入れる。[**詳細レベル**]の[**簡略**]、[**標準**]、[**詳細**]❷のすべてにチェックが入っていることを確認し、[**OK**]をクリックする

3 1 で選択した「FIX」の記号とは別の「FIX」の記号を選択し、1～2と同様の操作を行う

4-4-6　FIX記号の表示設定を確認

記号の表示／非表示を確認します。

1 [**ファイル**]タブ→[**新規作成**]（▶）→[**ファミリ**]を選択する

2 [**新しいファミリ・テンプレートファイルを選択**]ダイアログボックスから、[**窓(メートル単位).rft**]を選択して[**開く**]をクリックする

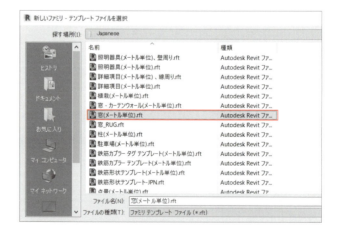

3 ビューを切り替えるタブで、「FIX」ファミリのタブ（図では一番左の[**参照レベル**]、[**正面**]、[**背面**]のいずれか）をクリックし、「FIX」ファミリに戻る

| 4 | リボンの[**ファミリエディタ**]パネル→[**プロジェクトにロード**]をクリックする |

| 5 | プロジェクトのファイルに移るので、正面・背面から見た際に壁に隠れない位置にFIXパネルを配置する |

| 6 | [**プロジェクトブラウザ**]の[**立面図**]で[**内壁**]か[**外部**]のビューに切り替える |

| 7 | パネルをクリックして選択する |

| 8 | [**プロパティ**]パレットの[**タイプ編集**] ❶ をクリックする |

| 9 | [**タイププロパティ**]ダイアログボックスで[**記号表示**] ❷ のチェックのオン/オフを切り替えてから[**適用**]をクリックし、「**FIX**」の記号の表示状態を確認する |

表示状態を確認したら、確認用に作成したプロジェクトファイルは保存せず閉じます。「**FIX.rfa**」ファミリは上書き保存します。これで「**4-4 FIXパネルを作成**」は終了です。ここまでの完成ファイルを、「**FIX.rfa**」として教材データに用意しています。

HINT

パネルの高さを「1000」に設定しているため、ここではファミリにロードして「FIX」記号の表示を確認しました。プロジェクトにロードして確認する場合は、パネル高さを1200以上で設定するか、プロジェクトの[**ビュー範囲**]を変更する必要があります(P.189参照)。

[記号表示]がオン

[記号表示]がオフ

倒しパネルを作成

chapter 4-5

「倒しパネル」を作成します。立面図で倒し表現が表示されるように作成します。

4-5-1　サブカテゴリを作成

4-5-2　倒し表現を作成

4-5-1 ＞ サブカテゴリを作成

ここで使用するファイル
パネル.rfa

「倒しパネル」は、「パネル.rfa」ファイルをもとに作成します。はじめに倒し表現用のシンボル線分のためのサブカテゴリを作成します。

「パネル.rfa」を別名で保存

1　「**パネル.rfa**」ファイルを開き、[**ファイル**]→[**名前を付けて保存**]→[**ファミリ**]を選択する

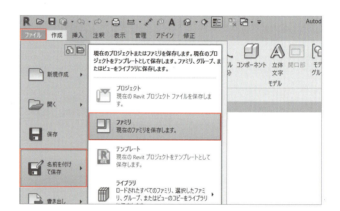

2　[**名前を付けて保存**]ダイアログボックスで、保存先は[**パネル**]フォルダ、[**ファイル名**]を「**倒し**」とし、[**ファイルの種類**]が[**ファミリファイル(*.rfa)**]であることを確認してから保存する

シンボル線分のサブカテゴリを作成

1 リボンの[**管理**]タブ→[**設定**]パネル→[**オブジェクトスタイル**]をクリックする

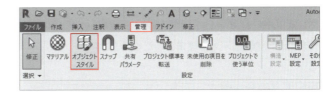

2 [**オブジェクトスタイル**]ダイアログボックスが表示される。ダイアログボックス右下の[**サブカテゴリを修正**]の[**新規作成**]❶をクリックする

> **HINT**
> [**カテゴリ**]が図のように展開していない場合は、[**+**]❷をクリックして展開します。

3 [**サブカテゴリを新規作成**]ダイアログボックスが表示される。[**名前**]に「**スイング・一点破線**」❸と入力し、[**次のサブカテゴリ**]が[**窓**]❹であることを確認する。[**OK**]をクリックする

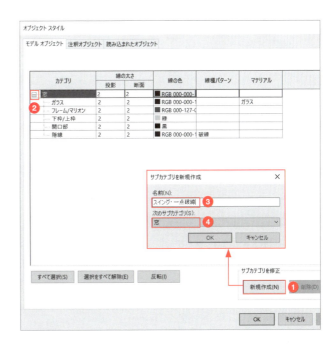

4 [**オブジェクトスタイル**]ダイアログボックスで[**スイング・一点破線**]❺が追加されたことを確認する。さらに[**線の太さ**]の[**投影**]と[**断面**]が「**1**」❻であること、[**線の色**]が[**黒**]❼であることを確認する

5 [**線種パターン**]のセルをクリックし、[**一点破線**]❽を選択して[**OK**]をクリックする

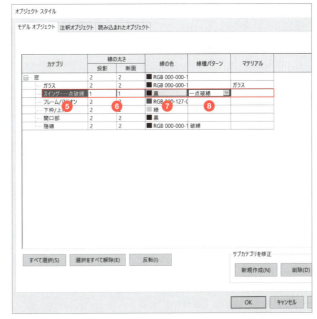

4-5-2 倒し表現を作成

倒し表現用の線分を[シンボル線分]で作成します。[シンボル線分]で作成すると、2Dのビューだけで表示され、3Dビューでは表示されなくなります。

シンボル線分を作成

1. [**プロジェクトブラウザ**]の[**立面図**]の[**正面**]をダブルクリックして、ビューを切り替える

2. リボンの[**作成**]タブ→[**作業面**]パネル→[**セット**]をクリックする

3. [**作業面**]ダイアログボックスが表示される。[**新しい作業面を指定**]の[**名前**]で[**参照面:正面**]を選択し、[**OK**]をクリックする

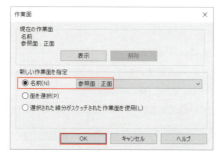

4. リボンの[**注釈**]タブ→[**詳細**]パネル→[**シンボル線分**]をクリックする

5. リボンの[**修正|配置 シンボル線分**]タブ→[**サブカテゴリ**]パネル→[**サブカテゴリ**]の▼❶をクリックし、[**スイング・一点破線[投影方法]**]❷を選択する

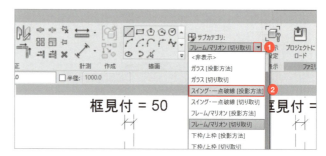

6　[**オプションバー**]で[**連結**]③のチェックが外れていることを確認し、リボンの[**修正|配置 シンボル線分**]タブ→[**描画**]パネル→[**線分**]④をクリックする

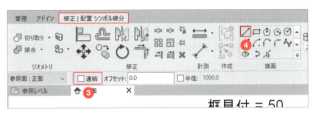

7　框左上角⑤から[**中心（左/右）**]参照面と框下の交点⑥に、斜めの線分を作成する

8　同様に框右上角⑦から[**中心（左/右）**]参照面と框下の交点⑥に斜めに線分を作成する

9　リボンの[**修正**]をクリックする

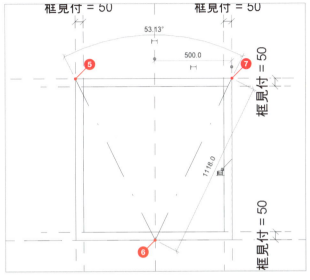

10　作成した2本の線分を選択し、[**修正|線分**]タブ→[**表示**]パネル→[**表示設定**]をクリックする

11　[**ファミリ要素の表示設定**]ダイアログボックスが表示される。[**詳細レベル**]の[**簡略**]、[**標準**]、[**詳細**]のすべてにチェックが入っていることを確認し、[**OK**]をクリックする

12　①〜⑪と同様の手順で、ビューを[**背面**]、作業面を[**参照面：背面**]とし、正面と同じ位置に2本のシンボル線分を作成する

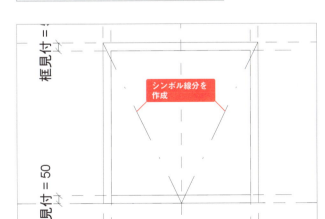

倒し表現の動作を確認

1 リボンの[**作成**]タブ→[**プロパティ**]パネル→[**ファミリタイプ**]をクリックする

2 [**ファミリタイプ**]ダイアログボックスで[**幅**]、[**高さ**]を変更して[**適用**]をクリックし、線分の形状がパネルの変化に合わせて動くことを確認する。[**幅**]と[**高さ**]を「**1000**」に戻し、[**OK**]をクリックする

表示状態を確認したら、上書き保存します。これで「4-5 倒しパネルを作成」は終了です。ここまでの完成ファイルを、「**倒し.rfa**」として教材データに用意しています。

HINT

完成した倒しパネルを、3Dビューでも確認してみましょう。正しく作成されていれば作成した線分は表示されません。表示されている場合は、その線分は[**モデル線分**]で作成されています。ここでは立面ビューだけに表示させたいため、[**シンボル線分**]で作成する必要があります。

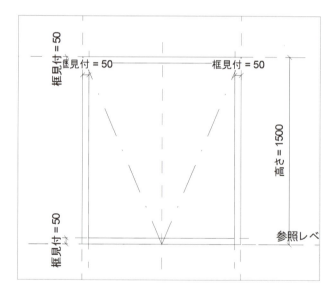

chapter 4-6 引き違いパネルを作成

「引き違いパネル」を作成します。立面図で引き違い表現が見えるように作成します。

4-6-1 パラメータを作成
4-6-2 パネルをネスト
4-6-3 パネル位置を調整
4-6-4 框見付パラメータを追加
4-6-5 2Dでの引き違い表記の追加

4-6-1 パラメータを作成

引き違い用パラメータとして、全体の[幅]とパネル1枚の[パネル幅]、[高さ]というパラメータを作成します。さらに中心に「召し合わせ」部分ができるようにします。

新規ファイルを作成

[1] [ファイル]→[新規作成]（▶）→[ファミリ]を選択する

[2] [新しいファミリ-テンプレートを選択]ダイアログボックスで、テンプレートとして、[一般モデル（メートル単位）.rft]を選択して開く

[3] [ファイル]→[名前を付けて保存]→[ファミリ]を選択する

[4] [名前を付けて保存]ダイアログボックスで、保存先を[パネル]フォルダ、[ファイル名]を「引き違い」とし、[ファイルの種類]が[ファミリファイル(*.rfa)]であることを確認してから保存する

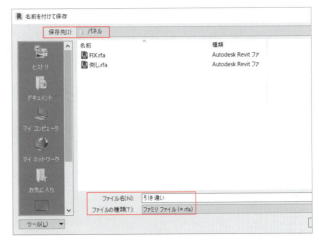

5 リボンの[**作成**]タブ→[**プロパティ**]パネル→[**ファミリカテゴリとパラメータ**]をクリックする

6 [**ファミリカテゴリとパラメータ**]ダイアログボックスが表示される。[**ファミリカテゴリ**]の[**フィルタリスト**]で[**建築**] ❶ だけにチェックを入れる。リストから[**窓**] ❷ を選択し、[**OK**]をクリックする

全体幅のパラメータを作成

1 リボンの[**作成**]タブ→[**基準面**]パネル→[**参照面**]をクリックする

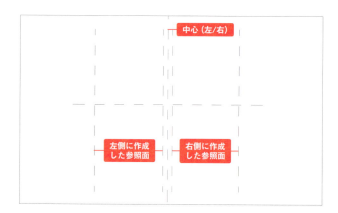

2 [**中心(左/右)**]参照面の左右の任意の位置に、垂直の参照面を2本ずつ作成する

3 リボンの[**注釈**]タブ→[**寸法**]パネル→[**平行寸法**] ❶ をクリックする。一番左の参照面 ❷ →[**中心(左/右)**]参照面 ❸ →一番右の参照面 ❹ の順にクリックし、寸法位置をクリックして寸法を入力する

4 中心を基準として均等にサイズ変更するため、寸法付近にある[**EQ**]マーク ❺ をクリックする

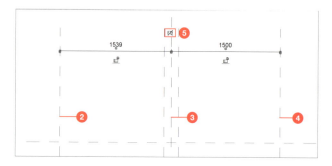

| 5 | 一番左の参照面と一番右の参照面の間にも寸法を入力する |

| 6 | リボンの[**修正**]をクリックする |

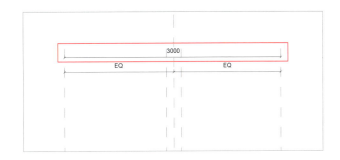

| 7 | 5 で作成した寸法を選択する。リボンの[**修正｜寸法**]タブ→[**寸法にラベルを付ける**]パネル→[**ラベル**]の[**＜なし＞**]をクリックして[**幅**]を選択し、パラメータを付ける |

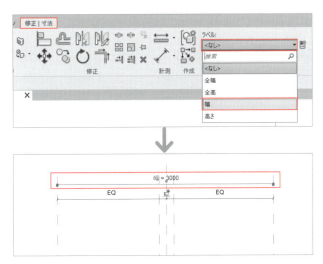

引き違い用パラメータを作成

| 1 | リボンの[**注釈**]タブ→[**寸法**]パネル→[**平行寸法**]をクリックする
一番左の参照面 ❶ と[**中心（左／右）**]参照面のすぐ右側にある参照面 ❷ の間に寸法を入力する ❸ |

| 2 | 一番右の参照面 ❹ と[**中心（左／右）**]参照面のすぐ左側にある参照面 ❺ の間に寸法を入力する ❻ |

| 3 | リボンの[**修正**]をクリックする |

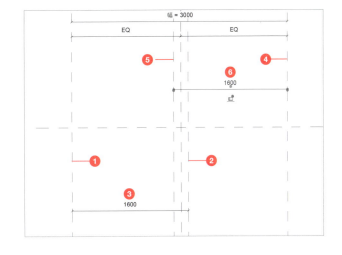

| 4 | 2 で作成した寸法を選択する |

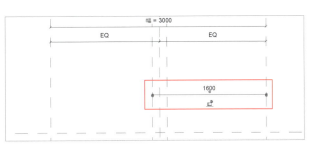

5 リボンの[**修正|寸法**]タブ→[**寸法に
ラベルを付ける**]パネル→[**パラメー
タを作成**]をクリックする

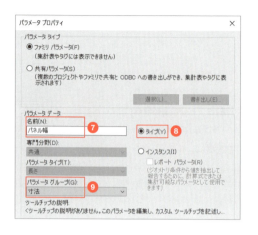

6 [**パラメータプロパティ**]ダイアログ
ボックスが表示されるので、下記の
設定をして[**OK**]をクリックする
◆ [**名前**]に「**パネル幅**」と入力 ❼ する
◆ [**タイプ**] ❽ が選択されていることを確認
する
◆ [**パラメータグループ**]が[**寸法**]❾ である
ことを確認する

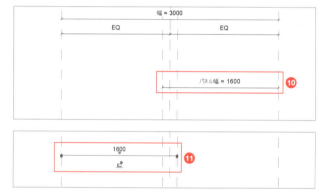

7 選択されている寸法 ❿ にパラメータ
が付いたことを確認し、1 で作成し
た寸法 ⓫ を選択する

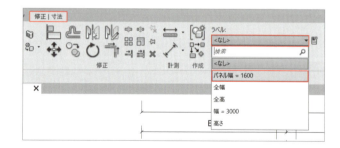

8 リボンの[**修正|寸法**]タブ→[**寸法に
ラベルを付ける**]パネル→[**ラベル**]の
[**<なし>**]をクリックして[**パネル幅**]を選択
し、パラメータを付ける

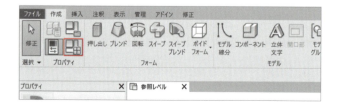

幅パラメータを修正

全体幅は、パネル2枚分から召し合わされ
る部分(框幅)を引いた大きさで、パネル幅
と全体幅には関連があります。この関連を
設定します。

1 リボンの[**作成**]タブ→[**プロパティ**]
パネル→[**ファミリタイプ**]をクリック
する

2 [**ファミリタイプ**]ダイアログボックスで、[**幅**]の[**式**]のセルに下記のように入力して[**適用**]をクリックする

◆「**(パネル幅*2)-50mm**」

HINT
[式]にはパラメータどうしを関連付ける式を入力できますが、パラメータ名が少しでも違うと計算できません。パラメータ名の全角、半角(特に英数字・記号)などを間違えないようにしましょう。また、パラメータ名以外の数式記号や数値は半角文字で入力します。

[幅]と[パネル幅]を関連付ける計算式を入力したので、[幅]または[パネル幅]のどちらかの[値]のセルに入力すると、もう一方のセルは自動計算されて設定されます。

3 [**幅**]または[**パネル幅**]のどちらかの[**値**]を変更して[**適用**]をクリックすると、もう一方の数値が計算通りに変わることを確認する。さらに参照面も同時に動くことを確認する。確認したら[**ファミリタイプ**]ダイアログボックスの[**OK**]をクリックする

HINT
ここでは、とりあえず框見付の幅を「**50mm**」として計算しています。これはあとでパネルの框見付パラメータと関連付けます。

高さパラメータを作成

1 [**プロジェクトブラウザ**]の[**立面図**]の[**正面**] ❶ をダブルクリックして、ビューを切り替える

2 リボンの[**作成**]タブ→[**基準面**]パネル→[**参照面**] ❷ をクリックする

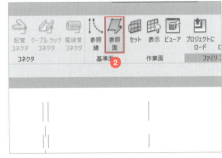

| 3 | [**参照レベル**]の上側の任意の位置に、水平の参照面を作成する |

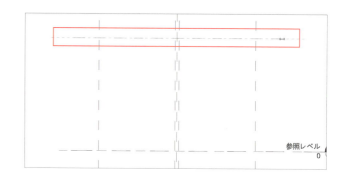

| 4 | リボンの[**注釈**]タブ→[**寸法**]パネル→[**平行寸法**]で、作成した参照面と[**参照レベル**]の間に寸法を入力 ❸ する |

| 5 | リボンの[**修正**]をクリックしてから作成した寸法を選択し、[**修正|寸法**]タブ→[**寸法にラベルを付ける**]パネル→[**ラベル**]の[**<なし>**]をクリックして[**高さ**] ❹ を選択し、パラメータを付ける ❺ |

4-6-2 パネルをネスト

ここで使用するファイル
パネル.rfa

先に作成したパネルをネスト（入れ子構造）して引き違いにします。パネルが持っているパラメータと引き違いファイルが持つパラメータを関連付け、引き違いとしてふるまうよう設定します。

「パネル.rfa」をロード

| 1 | ビューを切り替えるタブで[**参照レベル**] ❶ に切り替える。[**ビューコントロールバー**]の[**詳細レベル**]を[**詳細**] ❷ に変更する |

| 2 | リボンの[**挿入**]タブ→[**ライブラリからロード**]パネル→[**ファミリをロード**]をクリックする。[**ファミリをロード**]ダイアログボックスが表示されるので、「**パネル.rfa**」をロードする |

3 リボンの[**作成**]タブ→[**モデル**]パネル→[**コンポーネント**]をクリックし、[**プロパティ**]パレットの[**タイプセレクタ**]に「**パネル**」が読み込まれていることを確認する

4 位置はあとで整えるので、任意の位置に配置する。配置してもパネルは表示されない

5 リボンの[**修正**]をクリックする

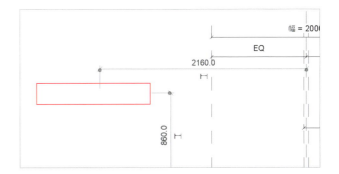

6 [**プロジェクトブラウザ**]で[**平面図：参照レベル**] ③ をクリックする。[**プロパティ**]パレットで[**平面図：参照レベル**] ④ になっていることを確認し、[**範囲**]の[**ビュー範囲**]の[**編集**] ⑤ をクリックする

7 [**ビュー範囲**]ダイアログボックスが表示される。[**メイン範囲**]の[**断面**]の[**オフセット**]に「**1000**」 ⑥ と入力して[**OK**]をクリックする

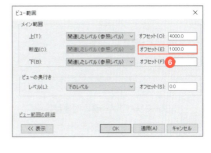

8 配置したパネルが表示される

パラメータの関連付け

1 配置したパネルを選択し、[**プロパティ**]パレットの[**タイプ編集**]をクリックする

2 [**タイププロパティ**]ダイアログボックスが表示されるので、[**寸法**]の[**幅**]の一番右にある■ボタン（[**ファミリパラメータの関連付け**]）をクリックする

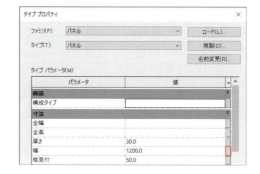

3 [**ファミリパラメータの関連付け**]ダイアログボックスが表示される。ここには[**引き違い**]ファイルに設定されている[**寸法**]に関するパラメータが表示される。[**パネル幅**]を選択して[**OK**]をクリックする

4 [**タイププロパティ**]ダイアログボックスに戻り、[**幅**]がグレーアウトし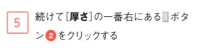、個々ではパネル幅を変更できないことを確認する

5 続けて[**厚さ**]の一番右にある■ボタン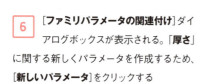をクリックする

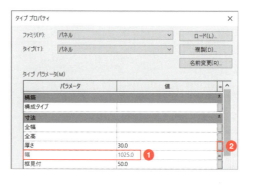

6 [**ファミリパラメータの関連付け**]ダイアログボックスが表示される。「**厚さ**」に関する新しくパラメータを作成するため、[**新しいパラメータ**]をクリックする

7 [**パラメータプロパティ**]ダイアログボックスが表示されるので、下記のように設定し、[**OK**]をクリックする
◆ [**名前**]に「**パネル厚さ**」❸と入力する
◆ [**タイプ**] ❹ が選択されていることを確認する
◆ [**パラメータグループ**]が[**寸法**] ❺ であることを確認する

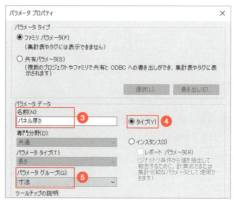

| 8 | [**ファミリパラメータの関連付け**]ダイアログボックスに戻り、[**パネル厚さ**]が追加され、選択されていることを確認し、[**OK**]をクリックする |

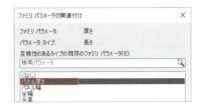

| 9 | [**タイププロパティ**]ダイアログボックスに戻り、[**厚さ**]がグレーアウトしたことを確認し、[**OK**]をクリックする |

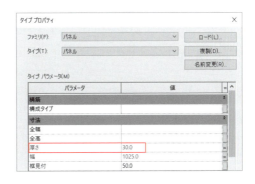

4-6-3 パネル位置を調整

パネルを、2枚引き違いになるように配置します。

平面図でパネル位置を調整

| 1 | リボンの[**修正**]タブ→[**修正**]パネル→[**位置合わせ**]をクリックする |

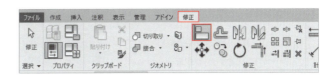

| 2 | 一番左の参照面❶をクリックし、続けてパネルの框部分左端❷をクリックする |

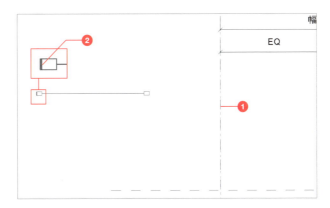

| 3 | 一番左の参照面とパネルの框部分左端の位置合わせができたらロックする |

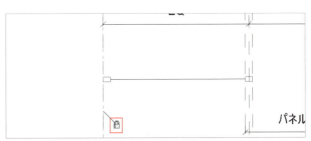

| 4 | [**中心(正面/背面)**]参照面 ❸ をクリックし、パネルの框部分下端 ❹ をクリックして位置を合わせ、ロックする |

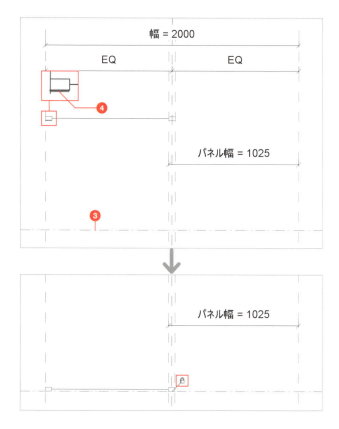

| 5 | リボンの[**修正**]をクリックしてから、位置を調整したパネルを選択する |

| 6 | リボンの[**修正|窓**]タブ→[**修正**]パネル→[**コピー**]をクリックする |

| 7 | コピーの始点、終点をクリックして任意の位置にコピーする |

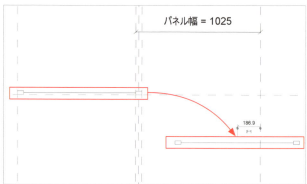

8 ２〜４と同様に、[**位置合わせ**]コマンドを使って、一番右の参照面とパネルの框部分右端❺、[**中心(正面/背面)**]参照面とパネルの框部分上端❻の位置を合わせ、それぞれロックする

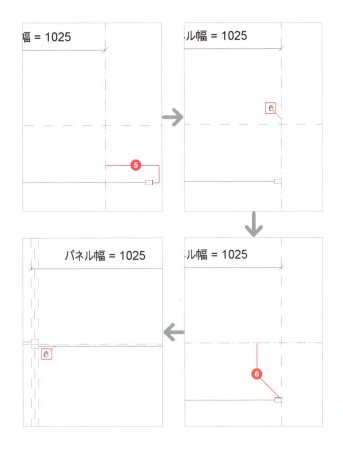

立面図でパネル位置を調整

1 ビューを切り替えるタブで[**正面**]に切り替える

2 「**平面図でパネル位置を調整**」(P.191)の１〜４と同様に、[**位置合わせ**]コマンドを使って、[**参照レベル**]とパネル下端を、左右それぞれのパネルごとに位置合わせしてロックする

HINT

現状で[**参照レベル**]とパネル下端の位置は重なっていますが、ロック(拘束)されていません。このため[**位置合わせ**]コマンドを使ってロックしています。

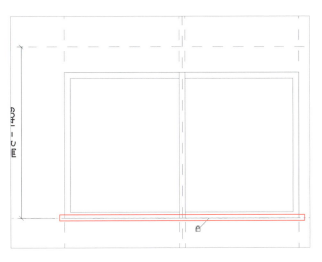

パネルの動作確認

1 リボンの[**作成**]タブ→[**プロパティ**]パネル→[**ファミリタイプ**]をクリックする

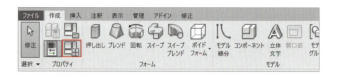

2 [**ファミリタイプ**]ダイアログボックスで[**幅**]または[**パネル幅**]の[**値**]を変更し、[**適用**]をクリックしてパラメータ通り大きさが変更されることを確認する。動作を確認したら[**OK**]をクリックする

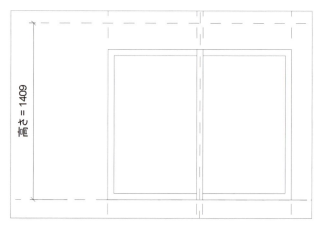

4-6-4 框見付パラメータを追加

パネルに設定されている框見付のパラメータを引き違いファイルにも設定し、変更できるようにします。

框見付パラメータを作成

1 リボンの[**修正**]をクリックし、どちらかのパネル(ここでは左側)を選択❶する。[**プロパティ**]パレットの[**タイプ編集**]❷をクリックする

2 [**タイププロパティ**]ダイアログボックスが表示されるので、[**寸法**]の[**高さ**]一番右にある■ボタン（[**ファミリパラメータの関連付け**]）をクリックする

3 [**ファミリパラメータの関連付け**]ダイアログボックスが表示される。[**高さ**]を選択して[**OK**]をクリックする

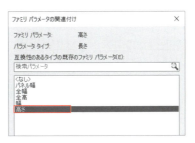

4 [**タイププロパティ**]ダイアログボックスに戻り、[**高さ**]がグレーアウトしていることを確認し、[**適用**]をクリックする

> **HINT**
>
> パラメータが関連付けられると、[**タイププロパティ**]ダイアログボックスの[**適用**]をクリックした時点で、関連付けられたパネルの大きさが「引き違い.rfa」ファイルで設定されている現在の大きさに変更されます。大きさが変わらない場合は関連付けがうまくいっていないことが原因なので、もう一度それぞれのパラメータを確認します。

5 [**タイププロパティ**]ダイアログボックスの[**寸法**]の[**框見付**]の一番右にある■ボタン（[**ファミリパラメータの関連付け**]）をクリックする

| 6 | [**ファミリパラメータの関連付け**]ダイアログボックスが表示される。「**引き違い.rfa**」ファイルが持っている「**寸法**」に関するパラメータ ③ が表示される。框見付に関する新しくパラメータを作成するため、[**新しいパラメータ**] ④ をクリックする。 |

| 7 | [**パラメータプロパティ**]ダイアログボックスが表示されるので、下記のように設定し、[**OK**]をクリックする |

◆ [**名前**]に「**框見付**」⑤ と入力する
◆ [**タイプ**] ⑥ が選択されていることを確認する
◆ [**パラメータグループ**]が[**寸法**] ⑦ であることを確認する

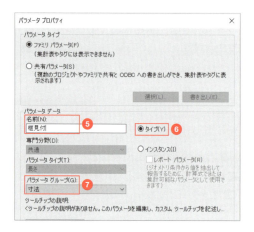

| 8 | [**ファミリパラメータの関連付け**]ダイアログボックスに戻る。[**框見付**]が追加されて選択されていることを確認し、[**OK**]をクリックする。さらに[**タイププロパティ**]ダイアログボックスで[**OK**]をクリックする |

框見付パラメータを設定

| 1 | リボンの[**作成**]タブ→[**プロパティ**]パネル→[**ファミリタイプ**]をクリックする |

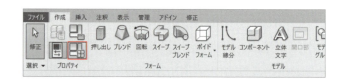

2 [**ファミリタイプ**]ダイアログボックスで、[**幅**]の[**式**]のセルで「**50mm**」を削除し、下記のように入力する

◆「**(パネル幅 * 2) - 框見付**」❶

3 [**框見付**]の[**値**]❷を変更して[**適用**]をクリックし、パラメータ通り大きさが変更されることを確認する

2 で入力した式には2つのパラメータが含まれるため、[**幅**]で数値が変更できなくなっています。しかし建具の場合、[**幅**]で数値変更するのが望ましいため修正します。

4 [**ファミリタイプ**]ダイアログボックスで、[**幅**]の[**式**]❸のセル内容を削除し、[**パネル幅**]の[**式**]❹に下記のように入力する

◆「**(幅 / 2) + (框見付 / 2)**」

5 [**框見付**]と[**幅**]の[**値**]❺を変更して[**適用**]をクリックし、パラメータ通り大きさが変更されることを確認する。確認したら[**高さ**]に「**1500**」と入力して[**OK**]をクリックする

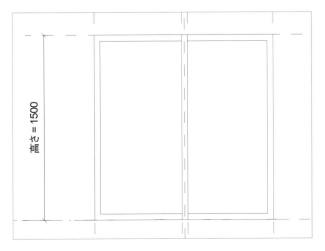

4-6-5 　2Dでの引き違い表記の追加

立面表現として、シンボル線分を使用して引き違い記号を作成し、記号をグループ化します。また、平面表現として、参照レベルで召し合わせのラインを作成します。

引き違い記号を作成

1 ［**正面**］ビューであることを確認し、リボンの［**注釈**］タブ→［**詳細**］パネル→［**シンボル線分**］をクリックする

2 リボンの［**修正 | 配置 シンボル線分**］タブ→［**サブカテゴリ**］パネル→［**サブカテゴリ**］で［**窓［投影方法］**］を選択する

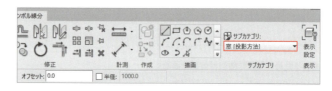

3 リボンの［**修正 | 配置 シンボル線分**］タブ→［**描画**］パネル→［**線分**］をクリックする

4 任意の位置で300mmの水平な線分を作成する

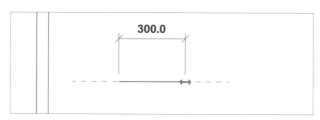

5 4 で作成した線分の左端点から右斜め上30度の角度で100mmの線分を作成する

6 300mmの水平線右端点から左斜め下150度の角度で100mmの線分を作成する

7 リボンの［**修正**］をクリックする

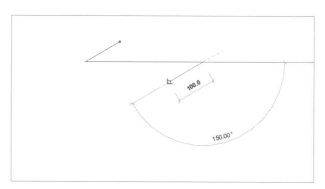

| 8 | 作成した3本の線分を選択し❶、リボンの[修正|線分]タブ→[作成]パネル→[グループを作成]❷をクリックする |

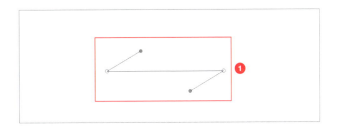

| 9 | [モデルグループを作成]ダイアログボックスで、[名前]に「引き違い記号」と入力し、[OK]をクリックする |

> **HINT**
> モデルグループにすると、バラバラの図形がひとまとまりとなり一括選択できるようになります。

引き違い記号をパネル中央に配置

引き違い記号をパネル中央に配置します。「4-4-2 FIX記号の位置を固定」(P.170)と同様の手順です。高さ方向中央に新たに参照面を作成して拘束します。

| 1 | リボンの[作成]タブ→[基準面]パネル→[参照面]❶をクリックする |
| 2 | パネル中心あたりの任意の位置に、水平の参照面を作成する❷ |

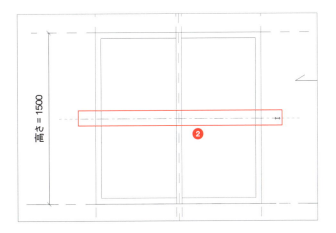

| 3 | リボンの[注釈]タブ→[寸法]パネル→[平行寸法]をクリックする |

| 4 | 一番上の参照面❸→❷で作成した参照面❹→参照レベル❺を順にクリックし、寸法位置をクリックして寸法を入力する。[**EQ**]❻マークをクリックし、上下の寸法を均等にする

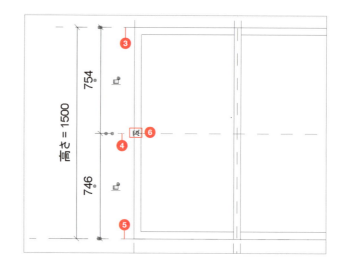

| 5 | リボンの[**修正**]❼をクリックする

| 6 | 「**引き違い記号**」を選択し、[**修正｜モデルグループ**]タブ→[**修正**]パネル→[**移動**]❽をクリックする

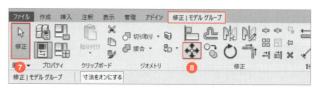

| 7 | 「**引き違い記号**」の横線の中点❾を移動の基点とし、[**中心（左/右）**]参照面と❷で作成した参照面との交点❿まで移動する

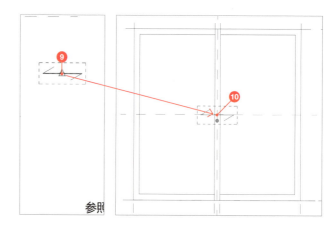

| 8 | リボンの[**修正**]タブ→[**修正｜モデルグループ**]パネル→[**位置合わせ**]⓫をクリックする

| 9 | ❷で作成した参照面⓬をクリックし、続けて「**引き違い記号**」の横線⓭をクリックする。ロック記号⓮をクリックしてロックする

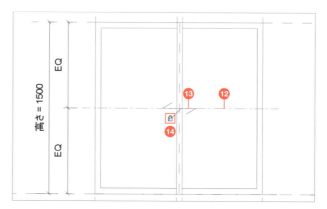

平面表現の召し合わせのラインを作成

1 [**プロジェクトブラウザ**]の[**平面図**]→[**参照レベル**]をダブルクリックする

2 リボンの[**注釈**]タブ→[**詳細**]パネル→[**シンボル線分**] ❶ をクリックする

3 リボンの[**修正|配置 シンボル線分**]タブ→[**サブカテゴリ**]パネル→[**サブカテゴリ**]で[**窓[投影方法]**] ❷ を選択し、[**描画**]パネル→[**線分**] ❸ をクリックする

4 任意の位置に300mmの垂直な線分を作成する

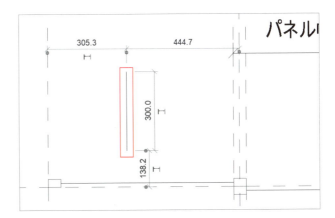

5 リボンの[**修正**] ❹ をクリックし、4 で作成した線分を選択する

6 [**修正|線分**]タブ→[**修正**]パネル→[**移動**] ❺ をクリックする

7 線分の中点を移動の基点とし、[**中心(左/右)**]参照面と[**中心(正面/背面)**]参照面の交点に移動する

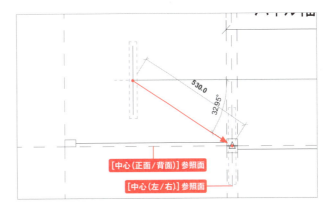

8 リボンの[**修正**]タブ→[**修正**]パネル→[**位置合わせ**]をクリックする

| 9 | [**中心(左/右)**]参照面 ❻ をクリックし、❼で移動した線分 ❼ をクリックする |

| 10 | ロック記号 ❽ をクリックしてロックする |

| 11 | ❼で移動した線分を選択し、[**修正\|線分**]タブ→[**表示**]パネル→[**表示設定**]をクリックする |

| 12 | [**ファミリ要素の表示設定**]ダイアログボックスが表示される。[**インスタンスが切断された場合のみ表示**]❾にチェックを入れ、[**詳細レベル**]の[**簡略**]、[**標準**]、[**詳細**]❿のすべてにチェックが入っていることを確認し、[**OK**]をクリックする |

動作確認

| 1 | リボンの[**作成**]タブ→[**プロパティ**]パネル→[**ファミリタイプ**]をクリックする |

| 2 | [**ファミリタイプ**]ダイアログボックスで[**幅**]、[**高さ**]などを変更して[**適用**]をクリックする。記号が常に中心にあることを確認したら、[**OK**]をクリックする |

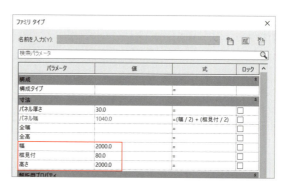

これで「**4-6 引き違いパネルを作成**」が終了です。作成したデータは、上書き保存します。ここまでの完成ファイルを、「**引き違い.rfa**」として教材データに用意しています。

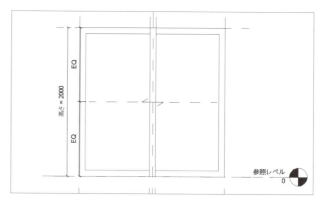

chapter 4-7 FIXパネルを窓ファミリにロード

先に作成した「窓」ファミリに、3つのパネル部材をロードして一体化します。はじめにFIXパネルをロードし、窓ファミリのパラメータにしたがってパネル部材も同じ寸法で動くように、パラメータを関連付けします。このようにファミリに別のファミリをロードすることを「ネスト」といいます。

4-7-1　FIXパネルをロード　　　　　　　　　4-7-3　パネル位置を調整
4-7-2　パラメータの関連付け

4-7-1 ＞ FIXパネルをロード

ここで使用するファイル
窓4-2.rfa／FIX.rfa

作業を行いやすくするために、「窓」ファミリと「FIX」ファミリだけ表示させてからロードします。

1　「**窓.rfa**」と「**FIX.rfa**」のファミリを開き、「**FIX.rfa**」を表示する。そのほかのファイルを開いている場合は閉じる。教材データを使用する場合は、「**窓.rfa**」の代わりに「**窓4-2.rfa**」を使用する

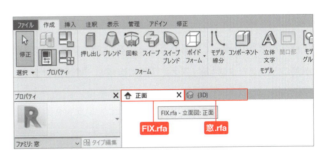

2　「**FIX.rfa**」ファイルが表示されていることを確認し、リボンの[**ファミリエディタ**]パネル→[**プロジェクトにロード**]をクリックする

3　「**窓**」ファミリのファイルにビューが切り替わり、カーソルにFIXパネルが付いてくるので、任意の位置でクリックしてパネルを配置する。図では3Dビューになっているが、[**参照レベル**]でもかまわない

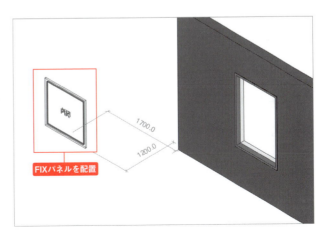

FIXパネルを配置

| 4 | [**プロジェクトブラウザ**]で[**平面図**]→[**参照レベル**]をダブルクリックしてビューを切り替え、[**ビューコントロールバー**]の[**詳細レベル**]を[**詳細**]に変更する |

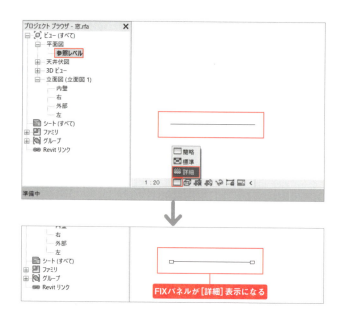

4-7-2　パラメータの関連付け

「FIX」パネルの持っているパラメータを、「窓」ファミリのパラメータと関連付けます。「FIX」パネルだけが持つパラメータは「窓」ファミリ側に作成し、関連付けます。

幅・高さパラメータを関連付け

| 1 | 配置した「**FIX**」❶ を選択し、[**プロパティ**]パレットの[**タイプ編集**]❷ をクリックする |

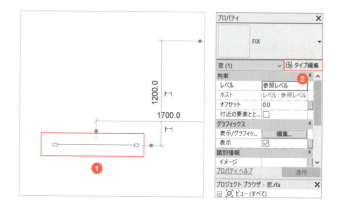

| 2 | [**タイププロパティ**]ダイアログボックスが表示される。[**寸法**]の[**幅**]の一番右にある□ボタンをクリックする |

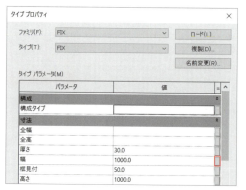

3 [**ファミリパラメータの関連付け**]ダイアログボックスが表示される。「**窓**」ファミリが持つ「**寸法**」に関するパラメータが表示される。[**幅**]を選択し、[**OK**]をクリックする。[**タイププロパティ**]ダイアログボックスも[**OK**]をクリックする

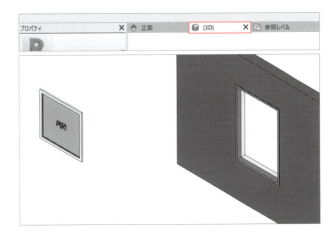

4 3Dビューに切り替える

5 リボンの[**作成**]タブ→[**プロパティ**]パネル→[**ファミリタイプ**]❸ をクリックする。[**ファミリタイプ**]ダイアログボックスが表示される。[**幅**]❹を任意の値に変更して[**適用**]をクリックする。フレームと額縁の幅の変更に合わせて、FIXのパネルの幅が変更されることを確認する。[**幅**]を「**1000**」に変更し、[**OK**]をクリックする

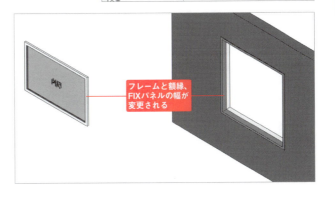

フレームと額縁、FIXパネルの幅が変更される

| 6 | 1～4と同様の手順で、[**高さ**]パラメータを関連付ける |

| 7 | 5と同様に、[**ファミリタイプ**]ダイアログボックスで[**高さ**]を変更して、動作を確認する |

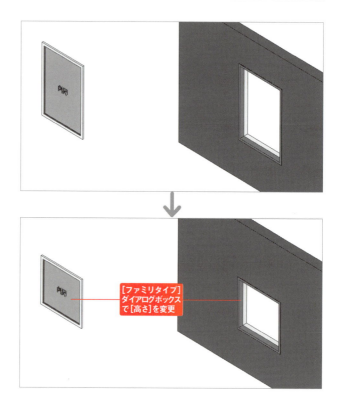

パラメータを作成して関連付け

「**FIX**」の[**厚さ**]（パネル厚）、[**框見付**]、[**記号表示**]（FIX記号）のパラメータを関連付けるため、同じパラメータを「**窓**」ファミリに作成します。

| 1 | 「**FIX**」パネル❶ を選択し、[**プロパティ**]パレットの[**タイプ編集**]❷ をクリックする |

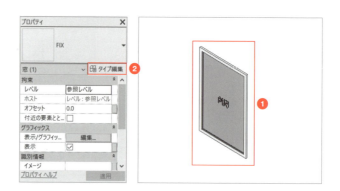

2 [**タイププロパティ**]ダイアログボックスの[**寸法**]の[**框見付**]の一番右にある■ボタンをクリックする

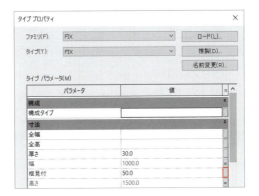

3 [**ファミリパラメータの関連付け**]ダイアログボックスで、[**新しいパラメータ**]❸をクリックする。

4 [**パラメータプロパティ**]ダイアログボックスが表示されるので、下記のように設定し、[**OK**]をクリックする
◆ [**名前**]に「**パネル框見付**」❹と入力する
◆ [**タイプ**]❺が選択されていることを確認する
◆ [**パラメータグループ**]が[**寸法**]❻であることを確認する

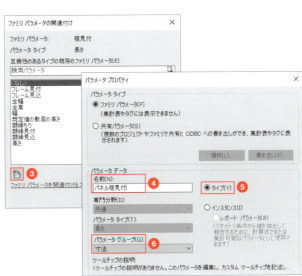

5 [**ファミリパラメータの関連付け**]ダイアログボックスに戻り、[**パネル框見付**]が追加され、選択されていることを確認し、[**OK**]をクリックする

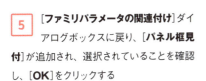

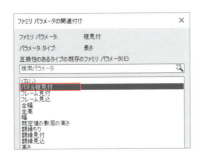

6 ②〜⑤と同様の手順で、[**厚さ**]パラメータに、[**パネル厚さ**]というパラメータを作成して関連付ける

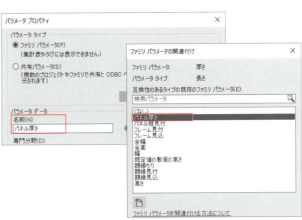

7 [2]～[5]と同様の手順で、[**その他**]グループにある[**記号表示**]パラメータに、[**パネル記号表示**]というパラメータを作成して関連付ける。[**タイププロパティ**]ダイアログボックスの[**OK**]をクリックする

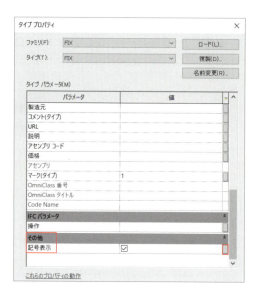

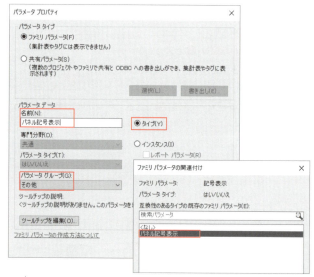

8 リボンの[**作成**]タブ→[**プロパティ**]パネル→[**ファミリタイプ**]をクリックする。[**ファミリタイプ**]ダイアログボックスを表示されるので、[**パネル框見付**]、[**パネル厚さ**]の値を変更して[**適用**]をクリックし、動作を確認する

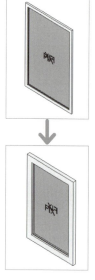

9 [**ファミリタイプ**]ダイアログボックスで[**パネル記号表示**]のチェックのオン/オフを切り替えて[**適用**]をクリックし、表示/非表示が切り替わることを確認する。[**ファミリタイプ**]ダイアログボックスの[**OK**]をクリックする

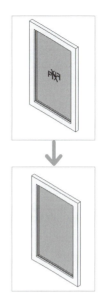

HINT

パラメータの関連付けで、先に親ファミリ(今回は「窓」ファミリ)側でネストファミリ(ここでは「FIX」ファミリ)の持っているパラメータを作成しておき、関連付けることもできます。

1 親ファミリで[**作成**]タブ→[**プロパティ**]パネル→[**ファミリタイプ**]をクリックする
2 [**ファミリタイプ**]ダイアログボックスが表示されるので[**新しいパラメータ**]❶をクリックする。[**パラメータプロパティ**]ダイアログボックスが表示されるのでネストファミリのパラメータを作成する
3 2 を繰り返し、ネストファミリのすべてのパラメータを作成する
4 ネストファミリを選択し、[**プロパティ**]パレットの[**タイプ編集**]をクリックする
5 [**タイププロパティ**]ダイアログボックスが表示されるので、関連付けるパラメータの[**ファミリパラメータパラメータを関連付け**]❷をクリックする。[**ファミリパラメータの関連付け**]ダイアログボックスが表示されるので、関連付けるパラメータ選択する

2→3でパラメータを新規に作成する際、[**パラメータプロパティ**]ダイアログボックスで[**パラメータタイプ**]❸を設定しますが、これを間違えると適切なパラメータの値が設定できなくなります。たとえば「マテリアル」のパラメータを作成したいとき、「長さ」のパラメータタイプを選択すると、「値」に長さしか入力できません。パラメータタイプを間違えて作成した場合は、そのパラメータを削除して作り直します。

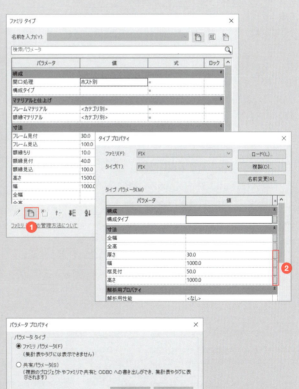

4-7-3 パネル位置を調整

FIXパネルを、フレームの内側に配置します。

1 [**窓**]ファミリの[**参照レベル**]をクリックしてビューを切り替える

2 リボンの[**作成**]タブ→[**基準面**]パネル→[**参照面**]をクリックする

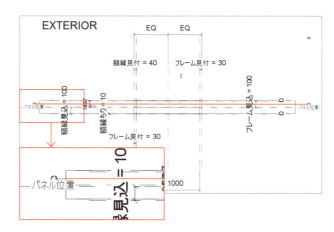

3 [**フレーム見込み**]参照面の内側(図赤い線の位置)に、水平な参照面を作成する。参照面の名前は「**パネル位置**」とする

4 [**平行寸法**]コマンドで、[**パネル位置**]参照面と[**フレーム見込**]参照面との間に寸法を入力し、リボンの[**修正**]をクリックする

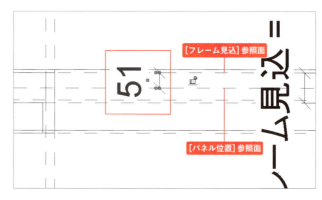

5 作成した寸法を選択し、[**修正|寸法**]タブ→[**寸法にラベルを付ける**]パネル→[**パラメータを作成**]をクリックする

6 [**パラメータプロパティ**]ダイアログボックスが表示されるので、下記のように設定し、[**OK**]をクリックする
◆ [**名前**]に「**パネル位置**」❶と入力する
◆ [**タイプ**]❷が選択されていることを確認する
◆ [**パラメータグループ**]が[**寸法**]❸であることを確認する

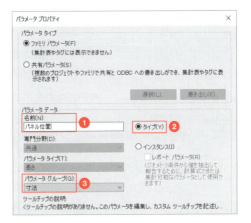

7 リボンの[**作成**]タブ→[**プロパティ**]パネル→[**ファミリタイプ**]❹をクリックする。[**ファミリタイプ**]ダイアログボックスが表示されるので、[**パネル位置**]の[**式**]に「**フレーム見込/2**」❺と入力し、[**適用**]をクリックする

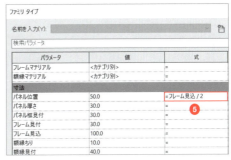

8 [**ファミリタイプ**]ダイアログボックスで、[**フレーム見込**]の[**値**]を変更し、数値が計算式通りに変わること、参照面が動くことを確認する。確認したら[**ファミリタイプ**]ダイアログボックスの[**OK**]をクリックする

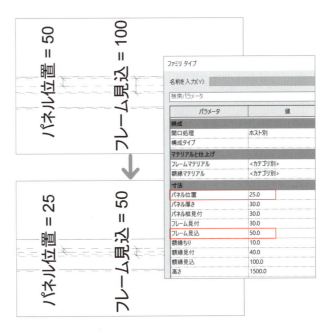

| 9 | リボンの[**修正**]タブ→[**修正**]パネル→[**位置合わせ**]をクリックする |

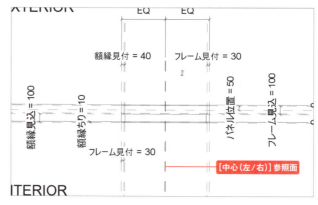

| 10 | [**中心(左/右)**]参照面をクリックし、続けてパネルの左右中央をクリックする |

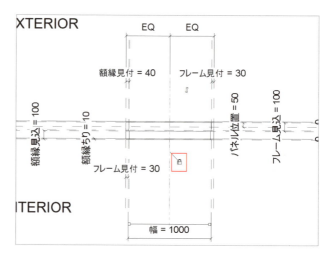

| 11 | ロック記号をクリックしてロックする |

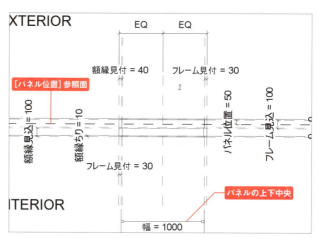

| 12 | [**パネル位置**]参照面をクリックし、パネルの上下中央をクリックする |

| 13 | さらにロック記号をクリックしてロックする |

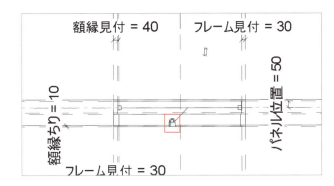

| 14 | [立面図]の[内壁]を表示し、[位置合わせ]コマンドで[高さ]パラメータの付いている参照面(上側)とパネル上端を位置合わせする |

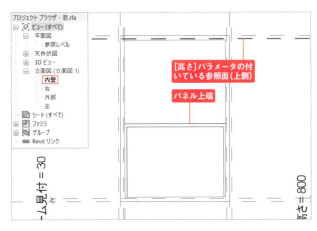

| 15 | ロック記号が表示されるが、ここではロックはしない |

| 16 | リボンの[作成]タブ→[プロパティ]パネル→[ファミリタイプ] をクリックする。[ファミリタイプ]ダイアログボックスが表示されるので[幅]、[高さ] ❼ などの値を変更して[適用]をクリックし、パラメータ通り大きさが変更されることを確認する |

| 17 | 動作を確認できたら、[ファミリタイプ]ダイアログボックスの[OK]をクリックする |

これで「4-7 FIXパネルを窓ファミリにロード」が終了です。作成したデータは、上書き保存し、ファイルを閉じます。
ここまでの完成ファイルを、「窓4-7.rfa」として教材データに用意しています。

chapter 4-8 引き違いと倒しパネルを窓ファミリにロード

引き違いパネルと倒しパネルを「窓」ファミリにロードして、窓の種類をパラメータで選択、変更できるようにします。はじめに窓の種類を選択するパラメータを作成し、引き違いパネルと倒しパネルをロードして関連付けます。

4-8-1　パネル入れ替えのパラメータ設定　　　　4-8-2　パネル入れ替えパラメータを割り当て

4-8-1　パネル入れ替えのパラメータ設定

ここで使用するファイル **窓4-7.rfa**

「FIX」、「倒し」、「引き違い」の3種類を選択、変更できるようにするパラメータを作成します。

前節「4-7 FIXパネルを窓ファミリにロード」が終了したところから始めます。教材データを使用する場合は「窓4-7.rfa」を使用し、ファイルを開いたら3Dビューに切り替えてください。

1 リボンの[**作成**]タブ→[**プロパティ**]パネル→[**ファミリタイプ**] ❶ をクリックし、[**ファミリタイプ**]ダイアログボックスで[**新しいパラメータ**] ❷ をクリックする

2 [**パラメータプロパティ**]ダイアログボックスが表示されるので、下記のように設定し、[**OK**]をクリックする

◆ [**名前**]に「**パネル**」❸ と入力する
◆ [**インスタンス**] ❹ を選択する
◆ [**パラメータタイプ**] ❺ で[**<ファミリタイプ>**] ❻ を選択すると[**カテゴリを選択**]ダイアログボックスが表示されるので、[**窓**] ❼ を選択し[**OK**]をクリックする
◆ [**パラメータグループ**]で[**構成**] ❽ を選択する

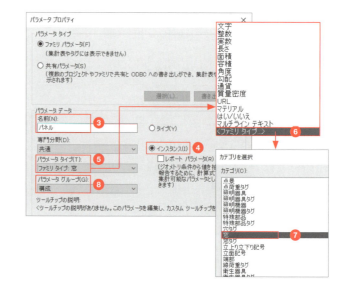

HINT

[パラメータグループ]はパラメータをわかりやすく分類するために設定します。ここでは[構成]にしましたが、ほかのグループでもよいです。設定後にグループを変更したい場合は、[ファミリタイプ]ダイアログボックスで変更したいパラメータをクリックし、ダイアログボックス下の[パラメータの編集]❾をクリックします。[パラメータプロパティ]ダイアログボックスが表示されるので、[パラメータグループ]を変更します。

3 [ファミリタイプ]ダイアログボックスに戻り、[構成]グループに[パネル<窓>]❿ が追加されたことを確認し、[OK]をクリックする

4-8-2 パネル入れ替えパラメータを割り当て

ここで使用するファイル
倒し.rfa / 引き違い.rfa

3種のパネルを「パネル<窓>」パラメータで入れ替えできるように設定します。

1 「4-7-1 FIXパネルをロード」(P.203~)を参考に「倒し.rfa」と「引き違い.rfa」パネルを「窓」ファミリにロードし、任意の位置に配置する

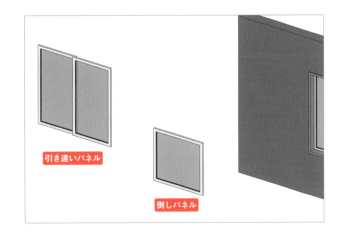

引き違いパネル
倒しパネル

2 「4-7-2 パラメータの関連付け」(P.204~)を参考に「倒しパネル」と「窓」ファミリのパラメータを関連付ける

倒しパネルの パラメータ ([タイププロパティ]ダイアログボックスで選択)	窓のパラメータ ([ファミリパラメータの関連付け]ダイアログボックスで選択)
[厚さ]	→ [パネル厚さ]
[幅]	→ [幅]
[框見付]	→ [パネル框見付]
[高さ]	→ [高さ]

3 「4-7-2 パラメータの関連付け」(P.204〜)を参考に「引き違いパネル」と「窓」ファミリのパラメータを関連付ける

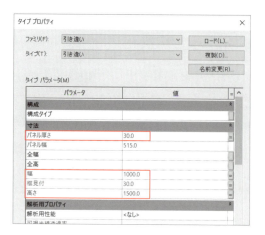

引き違いパネルのパラメータ ([タイププロパティ]ダイアログボックスで選択)	窓のパラメータ ([ファミリパラメータの関連付け]ダイアログボックスで選択)
[パネル厚さ]	→ [パネル厚さ]
[幅]	→ [幅]
[框見付]	→ [パネル框見付]
[高さ]	→ [高さ]

4 「FIXパネル」を選択し、[オプションバー]の[ラベル：なし] ❶ をクリックして、[パネル＜窓＞＝FIX] ❷ を選択する

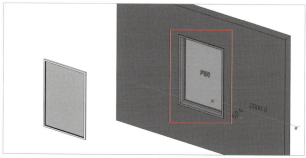

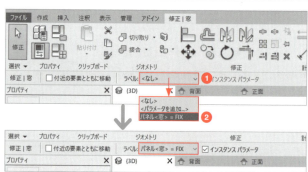

5 「倒しパネル」を選択し、[オプションバー]の[ラベル：なし]をクリックして、[パネル＜窓＞＝FIX] ❸ を選択する。「倒しパネル」が「FIXパネル」に変更される

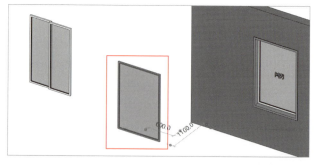

6 「**引き違いパネル**」を選択し、[**オプションバー**]の[**ラベル：なし**]をクリックして、[**パネル＜窓＞＝FIX**] ④ を選択する。「**引き違いパネル**」が「**FIXパネル**」に変更される

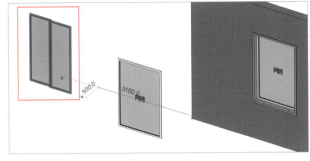

7 リボンの[**作成**]タブ→[**プロパティ**]パネル→[**ファミリタイプ**] ⑤ をクリックする。[**ファミリタイプ**]ダイアログボックスが表示されるので、[**構成**]グループの[**パネル＜窓＞**]の[**値**] ⑥ をクリックし、[**倒し**]を選択して[**適用**]をクリックする

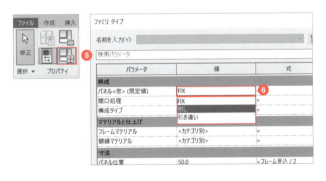

8 すべてが「**倒しパネル**」に変更にされたことを確認する

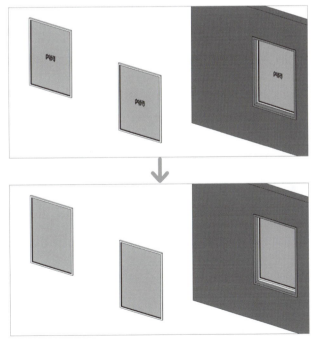

|9| [**ファミリタイプ**]ダイアログボックスで[**構成**]グループの[**パネル＜窓＞**]の[**値**]をクリックし、[**引き違い**]を選択して[**適用**]をクリックする

|10| すべてが「**引き違いパネル**」に変更されたことを確認する。[**ファミリタイプ**]ダイアログボックスの[**OK**]をクリックする

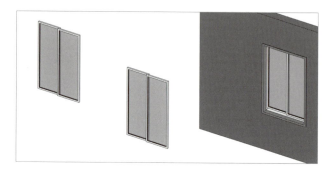

|11| 図に示した2つの「**引き違いパネル**」を削除する

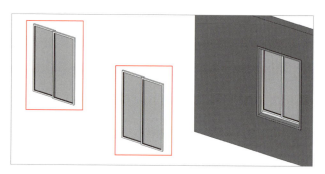

|12| リボンの[**作成**]タブ→[**プロパティ**]パネル→[**ファミリタイプ**]をクリックする。[**ファミリタイプ**]ダイアログボックスが表示されるので、[**寸法**]グループの各[**値**]を変更して[**適用**]をクリックし、パラメータ通りに動くかを確認する

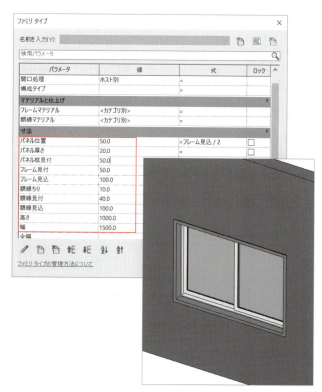

| 13 | 確認したら、下記のように設定して[**OK**]をクリックする |

- [**パネル位置**]:「**50**」
- [**パネル厚さ**]:「**30**」
- [**パネル框見付**]:「**30**」
- [**フレーム見付**]:「**30**」
- [**額縁ちり**]:「**10**」
- [**額縁見付**]:「**40**」
- [**額縁見込**]:「**100**」
- [**高さ**]:「**1500**」
- [**幅**]:「**1000**」

これで「4-8 **引き違いと倒しパネルを窓ファミリにロード**」が終了です。作成したデータは、上書き保存しファイルを閉じます。ここまでの完成ファイルを、「**窓4-8.rfa**」として教材データに用意しています。

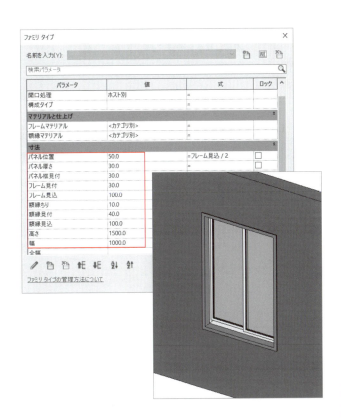

HINT

「引き違いパネル」の[**パネル厚さ**]は[**フレーム見込**]の値によっては、フレームからはみ出てしまう場合があります。値を入力する際には気を付けましょう。
常にフレーム内に収まるようにしたい場合は、[**引き違いパネル厚さ**]などの名前でパラメータを作成し、[**式**]に「**フレーム見込/2**」などと入れておくとよいでしょう。

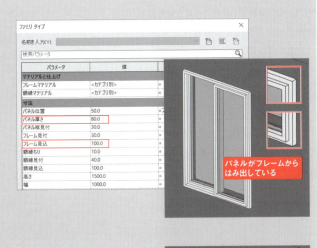

chapter 4-9 水切りを作成

水切り部分を窓ファミリに追加して作成します（水切りが必要ない場合はこの工程は省きます）。水切り部分は表示／非表示を切り替えられるように設定します（ここで作成する建具は外付、半外付は想定していません）。

- 4-9-1 参照面を作成
- 4-9-2 水切り形状を作成
- 4-9-3 サブカテゴリを設定
- 4-9-4 表示／非表示のパラメータを作成
- 4-9-5 表示を設定

4-9-1 参照面を作成

ここで使用するファイル
窓4-8.rfa

壁の厚さや、フレーム見込を変えてると、水切りの断面が追従するように設定するために必要な参照面を作成します。

前節「4-8 引き違いと倒しパネルを窓ファミリにロード」が終了したところから始めます。教材データを使用する場合は、「窓4-8.rfa」を使用してください。

1 「窓」ファミリで[参照レベル]ビューに切り替える

2 壁を選択し ①、[タイプセレクタ] ② をクリックして、[一般 - 150mm] ③ を選択する

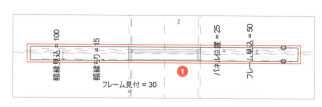

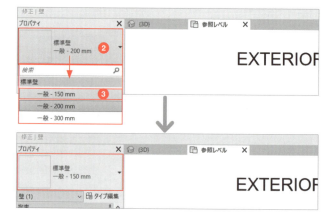

3　リボンの[**作成**]タブ→[**プロパティ**]パネル→[**ファミリタイプ**] ❹ をクリックする

4　[**ファミリタイプ**]ダイアログボックスが表示される。水切りが作成しやすいように、下記の設定をする

◆ [**構成**]グループの[**パネル＜窓＞**]で[**FIX**]を選択する
◆ [**パネル厚さ**]を「**30**」にする
◆ [**フレーム見込**]を「**50**」にする
◆ [**額縁ちり**]を「**10**」にする
◆ [**額縁見込**]を「**100**」にする

5　リボンの[**作成**]タブ→[**基準面**]パネル→[**参照面**]をクリックする

6　[**左**]参照面の左側に垂直な参照面を作成する。同様に、[**右**]参照面の右側に垂直な参照面を作成する

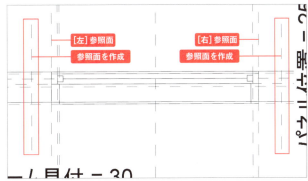

7　壁の外側に、水平な参照面を作成する。作成した水平な参照面の名前を「**水切り**」とする

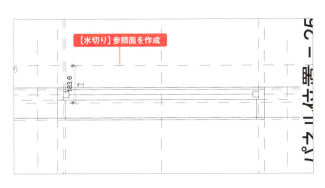

8　6で作成した参照面のうち、左側の参照面と[**左**]参照面の間に、[**平行寸法**]コマンドで寸法を作成する

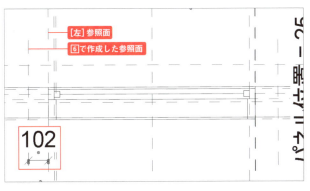

9	6 で作成した参照面のうち、右側の参照面と[右]参照面の間にも寸法を作成する

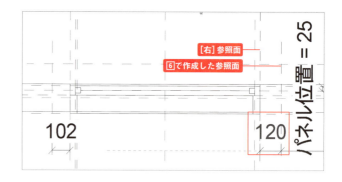

10	7 で作成した[水切り]参照面と[外部]参照面の間にも寸法を作成する。リボンの[修正]をクリックする

HINT

[外部]参照面は、壁の線と重なる位置にあるため、Tab キーを使用し循環して選択します。

11	6 で作成した参照面のうち、左側の参照面を選択し、8 で作成した寸法の寸法値をクリックする。寸法値を直接入力できるようになるので、「20」と入力する

12	寸法値を変更した寸法を選択してロックする。これで 6 で作成した参照面と[左]参照面の間が「20mm」でロックされる

13	11 〜 12 と同様の操作で、9 で作成した寸法(右側の参照面と[右]参照面の間)を「20mm」にロックする

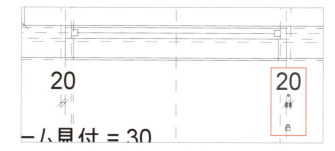

14 | 11 〜 12 と同様の操作で、10 で作成した寸法（[**水切り**]参照面と[**外部**]参照面の間）を「**15 mm**」にロックする

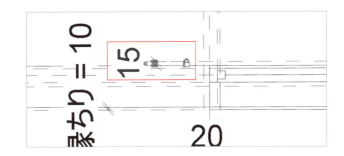

4-9-2 水切り形状を作成

水切り形状を[**押し出し**]コマンドで作成します。壁の厚さや、フレーム見込を変えると、水切りの断面も追従するように設定します。

1 | [**プロジェクトブラウザ**]で[**立面図**]→[**右**]ビューに切り替える

2 | リボンの[**作成**]タブ→[**フォーム**]パネル→[**押し出し**]をクリックする

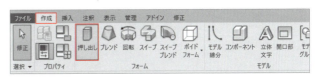

3 | リボンの[**修正 | 作成 押し出し**]タブ→[**描画**]パネル→[**線**]❶ をクリックし、[**オプションバー**]の[**連結**]❷ にチェックを入れる

4 | 図のような水切り形状を作成する

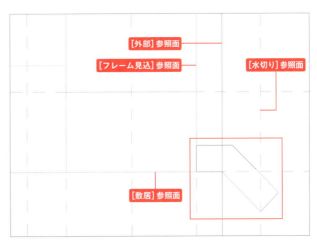

5 リボンの[**修正|作成 押し出し**]タブ→[**修正**]パネル→[**位置合わせ**]をクリックし、[**フレーム見込**]参照面 ③ →図に示した線分 ④ の順にクリックする。ロック記号 ⑤ が表示されるのでロックする

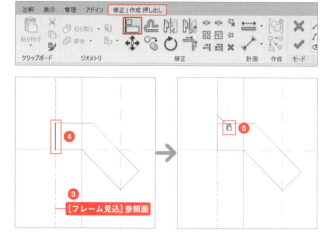

6 ⑤と同様の操作で、[**水切り**]参照面 ⑥ と図に示した角 ⑦ をクリックする。ロック記号 ⑧ が表示されるのでロックする

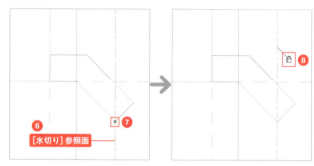

7 リボンの[**修正|作成 押し出し**]タブ→[**モード**]パネル→[**編集モードを終了**]をクリックする

8 リボンの[**作成**]タブ→[**プロパティ**]パネル→[**ファミリタイプ**]をクリックする。[**ファミリタイプ**]ダイアログボックスの[**フレーム見込**]の[**値**]を変更して[**適用**]をクリックし、水切り形状の付け根部分が一緒に移動することを確認する。[**フレーム見込**]の[**値**]を「**50**」に戻し、[**OK**]をクリックする

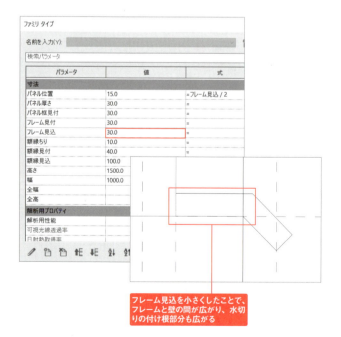

フレーム見込を小さくしたことで、フレームと壁の間が広がり、水切りの付け根部分も広がる

9 ビューを[**参照レベル**]に切り替え、壁を選択する

10 [**タイプセレクタ**]で壁の厚さを変更する(ここでは[**一般-150mm**]から[**一般-200mm**]に変更)。それに伴って水切り先端の厚さが変更されることを確認する。確認したら壁を[**一般-150mm**]に戻す

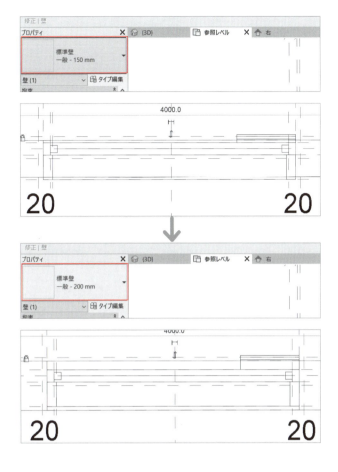

HINT

ここで解説した水切りの取付位置では、フレームを外付もしくは半外付の位置にしたとき、「押し出しが作成できません」というエラーメッセージが表示されます。

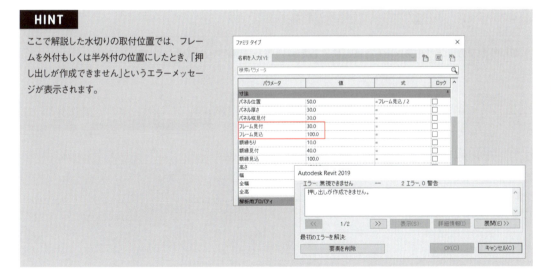

|11| 「4-9-1 参照面を作成」の|6|で作成した参照面と水切り右側を、[**位置合わせ**]コマンドで位置を合わせてロックする

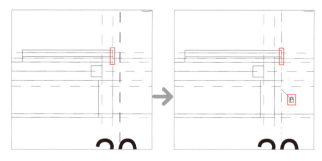

|12| 「4-9-1 参照面を作成」の|6|で作成した参照面と水切り形状の左側を、[**位置合わせ**]コマンドで位置を合わせてロックする

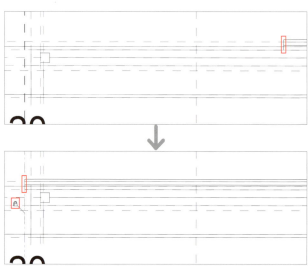

4-9-3 サブカテゴリを設定

水切りのサブカテゴリをフレームと同じにするため、[フレーム/マリオン]に設定します。

|1| [**3D**]ビューに切り替え、水切りを選択する

|2| [**プロパティ**]パレット→[**識別情報**]→[**サブカテゴリ**]のセル❶をクリックする。表示された[∨]❷をクリックして[**フレーム/マリオン**]❸を選択する

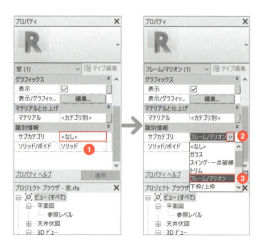

4-9-4　表示/非表示のパラメータを作成

水切りを表示するか、非表示にするかをパラメータで設定できるようにします。

1　水切りを選択し、[**プロパティ**]パレット→[**グラフィックス**]→[**表示**]のセル右側にある□ボタン❶をクリックする

2　[**ファミリ パラメータの関連付け**]ダイアログボックスが表示される。水切りの表示に関するパラメータを新たに作成するため、ダイアログボックス左下の[**新しいパラメータ**]ボタン❷をクリックする

3　[**パラメータプロパティ**]ダイアログボックスが表示されるので、下記のように設定する

◆ [**名前**]に「**水切り**」❸と入力する
◆ [**タイプ**]❹が選択されていることを確認する
◆ [**パラメータタイプ**]が[**はい/いいえ**]❺であることを確認する
◆ [**パラメータグループ**]で[**グラフィックス**]❻を選択する

[**パラメータプロパティ**]ダイアログボックス、[**ファミリ パラメータの関連付け**]ダイアログボックスともに[**OK**]をクリックする

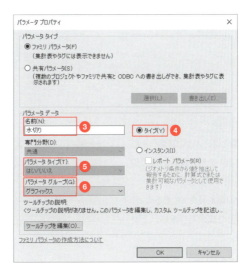

HINT

表示/非表示のパラメータは、ファミリ内では確認できません。プロジェクトにロードしてから確認します。

4-9-5 表示を設定

水切り部分の3D形状は、非表示にしない限り3Dビューと立面図で表示されるように設定します。平面図は詳細で表示されるようにシンボル線分を作成します。

3Dビューと立面図で表示

1. 水切りを選択し、[**修正|フレーム/マリオン**]タブ→[**モード**]パネル→[**表示設定**]をクリックする

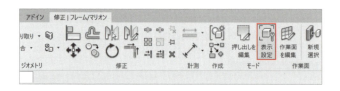

2. [**ファミリ要素の表示設定**]ダイアログボックスが表示される。[**ビュー固有の表示**]から[**前/後**]、[**左/右**] ❶ にチェックを入れる。[**詳細レベル**]で[**標準**]、[**詳細**] ❷ にチェックを入れて、[**OK**]をクリックする

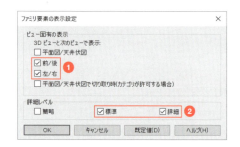

平面図の表示

平面図で水切りが見えないように設定しました。平面図の詳細では表示されるシンボル線分でエッジラインを作成します。
また、壁の見え掛かり線が見えてしまうので、シンボル線分で白色の線分を作成し、上からなぞって隠します。

1. ビューを[**参照レベル**]に切り替える。リボンの[**注釈**]タブ→[**詳細**]パネル→[**シンボル線分**] ❶ をクリックする

2. リボンの[**修正|配置 シンボル線分**]タブ→[**サブカテゴリ**]パネル→[**サブカテゴリ**]で[**フレーム/マリオン [投影方法]**] ❷ を選択する。続けて[**表示**]パネル→[**表示設定**] ❸ をクリックする

3. [**ファミリ要素の表示設定**]ダイアログボックスが表示されるので、[**インスタンスが切断された場合のみ表示**] ❹ にチェックを入れ、[**簡略**] ❺ のチェックを外して、[**OK**]をクリックする

4 リボンの[**修正|配置 シンボル線分**]タブ→[**描画**]パネル→[**線分**]❻をクリックし、[**オプションバー**]の[**連結**]❼にチェックを入れる

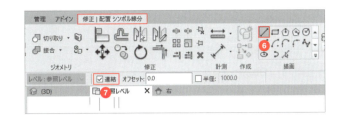

5 水切りのエッジラインを、下図の8カ所の交点をクリックしてなぞる(始点と終点が重なるので9回クリックする)。

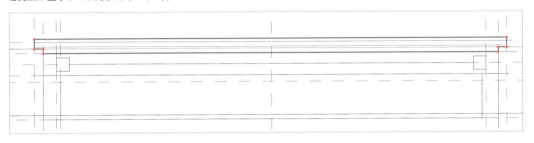

6 上図(5の図)のエッジラインの上辺を除く7つの辺を、それぞれ[**位置合わせ**]コマンドを使って参照面にロックする

HINT

[**位置合わせ**]コマンドでクリックする際、対象が「参照面」と「シンボル線分」になっているか、ツールチップなどで確認してからクリックします。

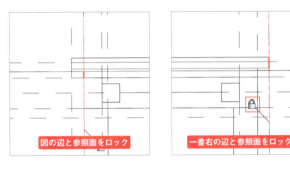

図の辺と参照面をロック / 一番右の辺と参照面をロック

7 壁の見え掛かり線を非表示にするため、白色のシンボル線分を作成する。リボンの[**管理**]タブ→[**設定**]パネル→[**オブジェクトスタイル**]をクリックする

8 [**オブジェクトスタイル**]ダイアログボックスが表示される。右下の[**新規作成**]をクリックする

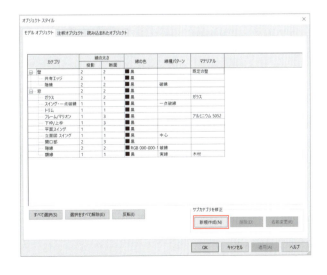

9 [**サブカテゴリを新規作成**]ダイアログボックスが表示される。[**名前**]に「**白**」❽と入力し、[**次のサブカテゴリ**]で[**窓**]❾を選択して、[**OK**]をクリックする

10 [**オブジェクトスタイル**]ダイアログボックスに戻り、[**白**]❿ が追加されたことを確認する。
上からなぞることで壁の見え掛かりの線を見えなくするため、壁の線より少し太めに設定する。下記のように設定し、[**OK**]をクリックする

◆ [**線の太さ**]の[**投影**]/[**断面**]：[**1**]⓫ にする
◆ [**線の色**]：[**白色**]⓬ にする（クリックで表示される[**色**]ダイアログボックスで設定）
◆ [**線種パターン**]：[**実線**]⓭ にする

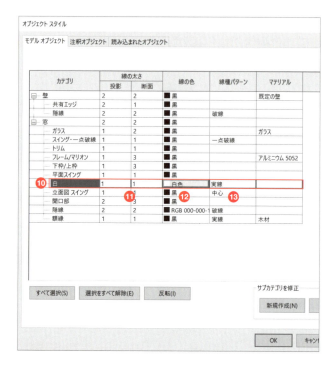

11 リボンの[**注釈**]タブ→[**詳細**]パネル→[**シンボル線分**]をクリックする

12 リボンの[**修正|配置 シンボル線分**]タブ→[**サブカテゴリ**]パネル→[**サブカテゴリ**]で[**白[投影方法]**]⓮ を選択する。続けて[**表示**]パネル→[**表示設定**]⓯ をクリックする

13 [**ファミリ要素の表示設定**]ダイアログボックスで、[**インスタンスが切断された場合のみ表示**]⓰ にチェックを入れ、[**簡略**]⓱のチェックを外して[**OK**]をクリックする

| 14 | 壁の上、下図で示した位置⑱にシンボル線分を作成する（上から4本目）

| 15 | ［位置合わせ］コマンドを使って、［外部］参照面と作成したシンボル線分、［左］参照面とシンボル線分左端点、［右］参照面と線分シンボル右端点をそれぞれロックする

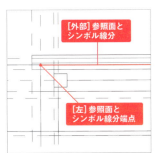
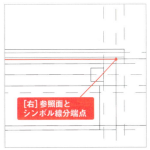

> **HINT**
> ［位置合わせ］コマンドでクリックする際、対象が目的の参照面、目的のシンボル線分（またはその端点）になっているか、ツールチップなどで確認してからクリックします。

| 16 | リボンの［作成］タブ→［プロパティ］パネル→［ファミリタイプ］をクリックする。［ファミリタイプ］ダイアログボックスが表示されるので［幅］の［値］を変更し、作成したシンボル線分が、幅の変化に合わせて動くことを確認する

これで「4-9 水切りを作成」が終了です。作成したデータは、上書き保存し、ファイルを閉じます。
ここまでの完成ファイルを、「窓4-9.rfa」として教材データに用意しています。

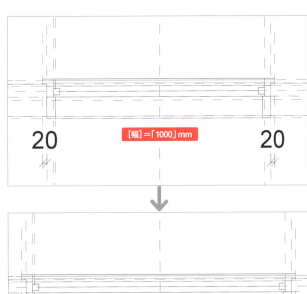
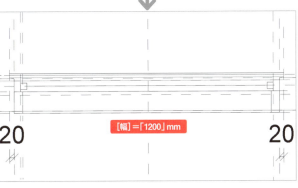

chapter 4-10 窓ファミリの2D表示を作成

「窓」ファミリをプロジェクトにロードした際の平面図と断面図の2D表示を、[詳細レベル]の[簡略]と[標準]・[詳細]で変更されるように設定します。2D表示はファミリのままではわかりづらいため、プロジェクトにロードして確認しながら作業します。

4-10-1 額縁とフレームの表示設定　　　4-10-4 プロジェクトに窓をロード
4-10-2 平面図での簡略表示を作成　　　4-10-5 断面図での簡略表示を作成
4-10-3 確認用プロジェクトを作成　　　4-10-6 パラメータを変更して動作確認

4-10-1 額縁とフレームの表示設定

ここで使用するファイル
窓4-9.rfa

額縁、フレーム部分は、2Dの[詳細レベル]の[簡略]では非表示になるようにします。

前節「4-9 水切りを作成」が終了したところから始めます。教材データを使用する場合は、「窓4-9.rfa」を使用してください。

1 額縁を選択する

2 リボンの[修正|額縁]タブ→[モード]パネル→[表示設定]をクリックする

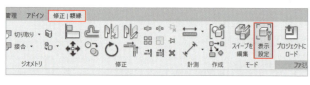

3 [ファミリ要素の表示設定]ダイアログボックスが表示される。[詳細レベル]で[簡略]チェックを外し、[OK]をクリックする

4 フレームを選択し、2～3と同様の操作で、表示設定を行う

4-10-2 平面図での簡略表示を作成

[詳細レベル]の[簡略]では、額縁とフレームがひとまとまりの枠表示になるように、[マスキング領域]で作成します。

1. ビューが[**参照レベル**]であることを確認し、リボンの[**注釈**]タブ→[**詳細**]パネル→[**マスキング領域**]をクリックする

2. リボンの[**修正|作成 マスキング領域の境界**]タブ→[**サブカテゴリ**]パネル→[**サブカテゴリ**]で[**フレーム/マリオン[切り取り]**]❶ を選択する。続けて[**描画**]パネル→[**長方形**]❷ を選択する

3. 図の位置(2カ所)❸、❹ に長方形(マスキング領域)を作成し、それぞれ4辺をロックする。[**モード**]パネル→[**編集モードを終了**]❺ をクリックする

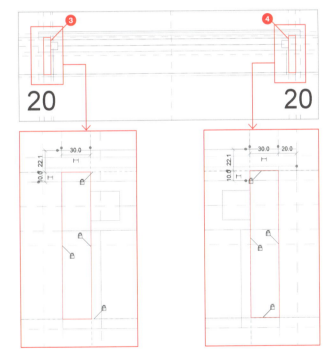

4. ❸で作成した左右の長方形(マスキング領域)を選択❻ し、[**修正|詳細項目**]タブ→[**モード**]パネル→[**表示設定**]❼ をクリックする

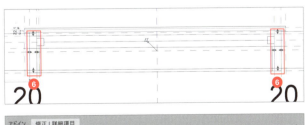

5 [**ファミリ要素の表示設定**]ダイアログボックスが表示されるので、[**インスタンスが切断されたときのみ表示**]にチェックを入れ、[**詳細レベル**]で[**簡略**]だけチェックを入れて、[**OK**]をクリックする

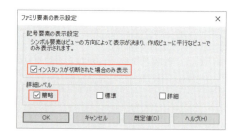

4-10-3 　確認用プロジェクトを作成

2D表示やパラメータの動きなどを確認するため、プロジェクトファイルを新規に作成し、そこに壁を作成しておきます。

1 [**ファイル**]→[**新規作成**]→[**プロジェクト**]をクリックする

2 [**プロジェクトの新規作成**]ダイアログボックスの[**テンプレートファイル**]で[**建築テンプレート**]を選択し、[**OK**]をクリックする

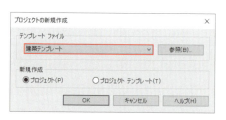

3 新規のプロジェクトファイルが開く。リボンの[**建築**]タブ→[**構築**]パネル→[**壁**]をクリックする

4 [**タイプセレクタ**]で[**標準壁 標準-150mm**]を選択し、作図域中央に任意の長さで水平な壁を作成する

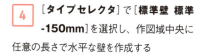

4-10-4 プロジェクトに窓をロード

「窓」ファミリを、新規作成したプロジェクトにロードして2D表示を確認します。

1. 窓ファミリのビューを選択する（ここでは[**参照レベル**]を選択）

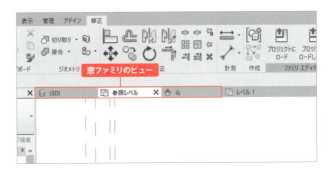

HINT

ビューの切り替えは、ビューを切り替えるタブで行えますが、[**クイックアクセスツールバー**]の[**ウィンドウを切り替え**]で選択しても行えます。

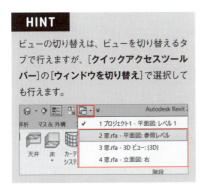

2. リボンの[**ファミリエディタ**]パネル→[**プロジェクトにロード**]をクリックする

HINT

ファイルがいくつか開いている場合、[**プロジェクトにロード**]をクリックすると、[**プロジェクトにロード**]ダイアログボックスが表示されます。その場合は「プロジェクト1」を選択します。

3. ビューがプロジェクトファイルに切り替わる。壁の任意の位置をクリックして窓を配置する ❶

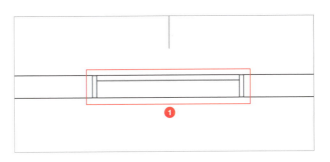

4. [**ビューコントロールバー**]で[**詳細レベル**]を[**簡略**]、[**標準**]、[**詳細**]を切り替えて、表示が変更されることを確認する

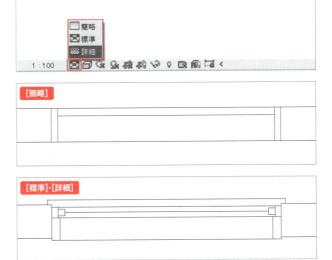

4-10-5 断面図での簡略表示を作成

プロジェクトファイルで断面表示を確認し、「窓」ファミリで断面図用の2D表示を修正します。

断面ビューを確認

1 プロジェクトファイルのビュー❶ を選択する。リボンの[**表示**]タブ→[**作成**]パネル→[**断面**]❷ をクリックする

2 図に示すように、建具上に断面ラインを作成する

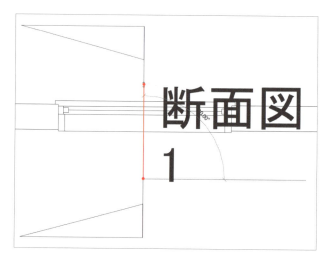

3 [**プロジェクトブラウザ**]で[**断面図(建築断面)**]→[**断面図1**]をダブルクリックする

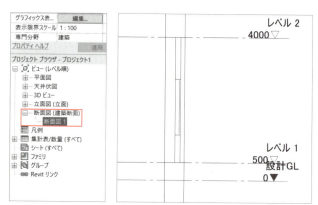

4 [**ビューコントロールバー**]で[**詳細レベル**]の[**簡略**]、[**標準**]、[**詳細**]を切り替えて、表示を確認する

[**標準**]と[**詳細**]はすべての部材が表示されていることを確認する。[**簡略**]はパネルの線分だけ表示されているので、次項で「**窓**」ファミリに戻って整える

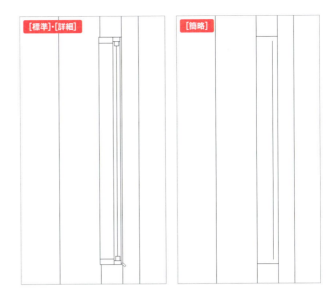

簡略表示を作成

| 1 | 「**窓**」ファミリをダブルクリックするか、選択してリボンの[**修正|窓**]タブ→[**モード**]パネル→[**ファミリを編集**]をクリックし、「**窓**」ファミリに戻る |

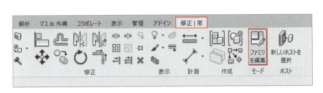

| 2 | 「**窓**」ファミリの[**右**]ビューを表示する。リボンの[**注釈**]タブ→[**詳細**]パネル→[**マスキング領域**]をクリックする |

| 3 | [**修正 | 作成 マスキング領域の境界**]タブ→[**サブカテゴリ**]パネル→[**サブカテゴリ**]に[**フレーム/マリオン[切り取り]**]❶を選択する。続けて[**描画**]パネル→[**長方形**]❷をクリックする |

| 4 | 図で示した位置(窓枠上側)に長方形を作成し、4辺をロックする |

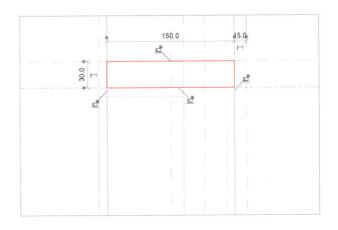

| 5 | 窓枠下側も同様に長方形を作成してロックする

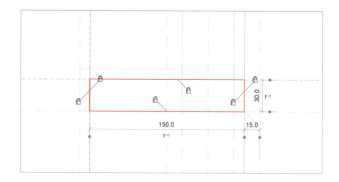

| 6 | リボンの[**修正|作成 マスキング領域の境界**]タブ→[**モード**]パネル→[**編集モードを終了**]をクリックする

| 7 | 作成した上下の長方形(マスキング領域)を選択し、[**修正|詳細項目**]タブ→[**モード**]パネル→[**表示設定**]をクリックする

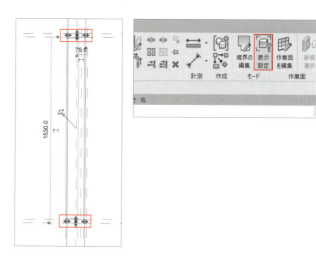

| 8 | [**ファミリ要素の表示設定**]ダイアログボックスで、[**インスタンスが切断されたときのみ表示**]❸にチェックを入れ、[**詳細レベル**]で[**簡略**]❹だけチェックを入れて、[**OK**]をクリックする

プロジェクトにロードして再確認

| 1 | リボンの[**ファミリエディタ**]パネル→[**プロジェクトにロード**]をクリックする

2 表示されたウインドウで[**既存のバージョンを上書きする**]を選択し、修正を反映させる

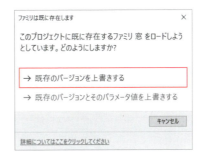

3 [**ビューコントロールバー**]で[**詳細レベル**]を[**簡略**]にし、断面ビューで簡略表示が変更されたことを確認する

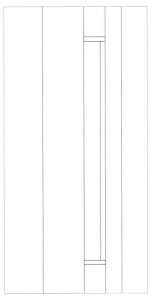

4-10-6 　パラメータを変更して動作確認

プロジェクトファイルで「窓」ファミリのパラメータを変更し、動作を確認します。

1 プロジェクトファイルで[**窓**]ファミリを選択し、[**プロパティ**]パレットの[**タイプ編集**]をクリックする

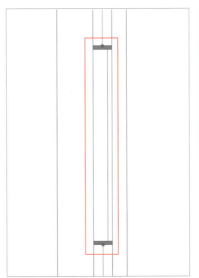

2 [**タイププロパティ**]ダイアログボックスのパラメータ値をそれぞれ変更し、エラーにならないことを確認する

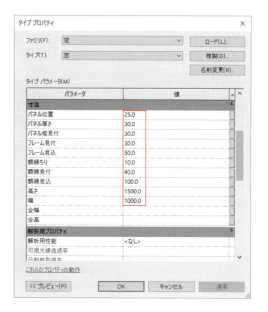

3 壁を選択してから[**タイプセレクタ**]で壁の厚みを変更し、エラーにならないことを確認する

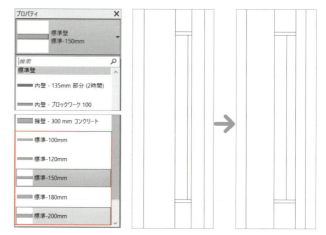

4 「**窓**」ファミリのビューを選択して「**窓**」ファミリに戻り、上書き保存する

これで「4-10「**窓**」ファミリの**2D表示を作成**」が終了です。ここまでの「**窓**」ファミリの完成ファイルを、「**窓4-10.rfa**」として教材データに用意しています。プロジェクトのファイルは、このまま次項で使用します。

11 プロジェクト側での設定

chapter 4

プロジェクト側で設定する、「サブカテゴリ」や「線の太さ」などの設定を確認・変更する方法を解説します。

前節「4-10「窓」ファミリの2D表示を作成」が終了したところから始めます。教材データを使用する場合は、「窓4-10.rfa」を使用してください。

[1] プロジェクトのビューを選択する。リボンの[**管理**]タブ→[**設定**]パネル→[**オブジェクトスタイル**] ❶ をクリックする

[2] [**オブジェクトスタイル**]ダイアログボックスの[**モデル オブジェクト**]タブ ❷ のリストの[**カテゴリ**]で[**窓**]の[**+**] ❸ をクリックして展開する

[3] 窓ファミリ側で設定した[**サブカテゴリ**]が表示される。ここで、プロジェクト側の[**線の太さ**]、[**線の色**]、[**線種パターン**]、[**マテリアル**]の設定を確認する
[**線の太さ**]に[**1**]〜[**3**]の値が設定されているが、これは[**線の太さ**]ダイアログボックス（P.242の[5]の図）で設定されている[**1**]〜[**16**]に対応した太さとなる。[**オブジェクトスタイル**]ダイアログボックスの[**OK**]をクリックする

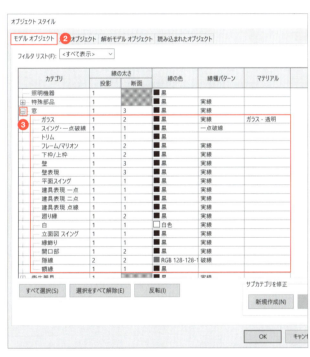

[4] リボンの[**管理**]タブ→[**設定**]パネル→[**その他設定**]をクリックして[**線の太さ**]を選択する

5 [**線の太さ**]ダイアログボックスが表示される。図の[**1**]～[**16**]の番号が[**オブジェクトスタイル**]ダイアログボックスの[**線の太さ**]に設定する値で、それぞれ縮尺ごとに太さが設定されている。

線を太く(細く)する場合、[**オブジェクトスタイル**]ダイアログボックスで[**線の太さ**]の値([**1**]～[**16**])を変更するか、[**線の太さ**]ダイアログボックスで[**1**]～[**16**]に設定されている縮尺ごとの各値を変更する。

[**線の太さ**]ダイアログボックスの[**OK**]をクリックする

6 [**オブジェクトスタイル**]ダイアログボックスの[**線種パターン**]は、リボンの[**管理**]タブ→[**設定**]パネル→[**その他設定**]をクリックして[**線種パターン**]を選択すると表示される[**線種パターン**]ダイアログボックス❹で定義されている。

線種パターンのピッチなどを変更したい場合は、[**線種パターン**]ダイアログボックスで変更したい線種名を選択して[**編集**]❺をクリックして変更するか、[**新規作成**]❻をクリックして新規に線種パターンを作成する

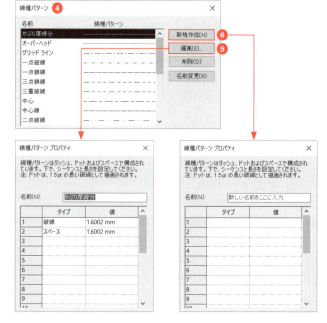

7 [**オブジェクトスタイル**]ダイアログボックスを表示させて[**マテリアル**]を確認すると、[**ガラス**]以外はマテリアルが設定されていない。[**マテリアル**]の各セルをクリックして表示される…をクリックすると、[**マテリアルブラウザ**]ダイアログボックスが表示されるので、適宜マテリアルを設定する

HINT

[**オブジェクトスタイル**]ダイアログボックスで[**線の色**]を変更する場合は、セルを選択してクリックすると表示される[**色**]ダイアログボックスで設定します。

chapter 4

12 タイプ分けと
タイプカタログを作成

作成した「窓」ファミリを使用する際のパラメータの違い、変更方法を解説します。これらを理解することで既存ファミリのパラメータも用途に応じて修正できるようになります。
また、作成したファミリのタイプ分けの方法、タイプカタログの作成方法と使い方も解説します。

4-12-1 プロパティの違い　　　　　　　4-12-3 タイプカタログを作成
4-12-2 タイプ分け

4-12-1 プロパティの違い

ここで使用するファイル
倒し（タイプあり）.rfa

「タイププロパティ」と「インスタンスプロパティ」の違いを確認し、用途に応じて使い分けられるようにします。

タイププロパティを確認

「**タイプパラメータ**」で設定されたパラメータの値を変更すると、同じタイプ名のファミリはすべて変更されます。

[1] 新規プロジェクトを[**建築テンプレート**]をもとに作成する

[2] 新規プロジェクトファイルで、リボンの[**建築**]タブ→[**構築**]パネル→[**壁**]❶ をクリックする

[3] [**タイプセレクタ**]で[**標準壁 標準-150mm**]❷ を選択し、任意の長さの水平な壁を作成する❸

[4] 教材データの「**倒し（タイプあり）.rfa**」ファミリをロードし、図のように3カ所配置する

HINT
「倒し（タイプあり）.rfa」ファミリは、「4-10」までに作成した「窓」ファミリのパネルを「倒し」に変更後、「パネル<窓>」パラメータを削除し、別名で保存したものです。

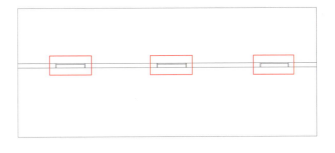

5 配置したファミリの1つを選択し、[**プロパティ**]パレットの[**タイプ編集**]をクリックする

6 [**タイププロパティ**]ダイアログボックスが表示されるので、[**幅**]の[**値**]を変更して[**適用**]をクリックする

7 配置したすべてのファミリの幅が変更されることを確認したら、[**タイププロパティ**]ダイアログボックスの[**OK**]をクリックする

個別にサイズ変更

「**タイプパラメータ**」で設定されている値を個別に変更したい場合は、別のタイプを作成したうえで値を変更します。

1 配置した「**窓**」ファミリの1つ(ここでは中央の窓ファミリ)を選択し、[**プロパティ**]パレットの[**タイプ編集**]をクリックする

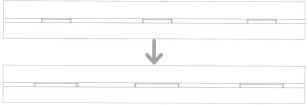

2 [**タイププロパティ**]ダイアログボックスが表示されるので、[**複製**]❶をクリックする。[**名前**]ダイアログボックスが表示されるので[**名前**]を入力(ここでは「**W3000**」)❷して[**OK**]をクリックする

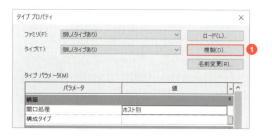

3 [**タイププロパティ**]ダイアログボックスに戻り、[**タイプ**]❸名が変更されていることを確認し、[**幅**]を「**3000**」❹に変更する

| 4 | 1 で選択した窓のみ、幅が変更されていることを確認する

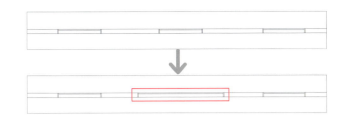

インスタンスパラメータへの変更

前項では別のタイプを作成しましたが、同じタイプのまま個別に値を変更したい場合は、パラメータを「**インスタンスパラメータ**」にします。ここでは高さを個々に変更できるようにします。

| 1 | [**クイックアクセスツールバー**]の[**既定の3Dビュー**]をクリックし、3Dビューに切り替える

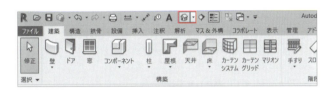

| 2 | [**ビューコントロールバー**]の[**表示スタイル**]で[**ベタ塗り**]を選択する

| 3 | 「**窓**」ファミリの1つを選択し、リボンの[**修正|窓**]タブ→[**モード**]パネル→[**ファミリを編集**]をクリックして「**窓**」ファミリを開く(タイプ名は異なっても、同じファミリなのでどれを選択してもよい)

| 4 | [**プロジェクトブラウザ**]で[**立面図**]→[**外部**]をダブルクリックし、[**高さ**]パラメータのついた寸法を選択する

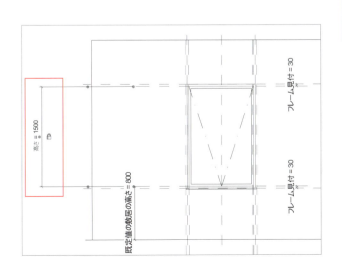

5 リボンの[**修正|寸法**]タブ→[**寸法にラベルを付ける**]パネルで[**インスタンスパラメータ**]にチェックを入れる

6 寸法の選択を解除し、リボンの[**ファミリエディタ**]パネル→[**プロジェクトにロード**]をクリックする

7 ロードするファミリを選択するダイアログボックスが表示されたら、窓を3つ配置したプロジェクトファイルを選択する。「**ファミリはすでに存在します**」とウインドウが表示されるので、[**既存のバージョンを上書きする**]をクリックする

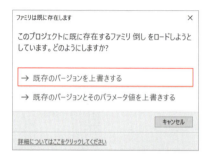

8 プロジェクトファイルに戻り、窓ファミリの1つ(ここでは左の窓ファミリ)を選択する。[**プロパティ**]パレットに[**高さ**]パラメータが表示されたことを確認し、値を任意の数値に変更する。
「**インスタンスパラメータ**」にすることで、タイプを作成することなく、選択したファミリだけ値が変更できることを確認する

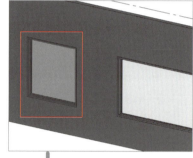

HINT

「タイプパラメータ」と「インスタンスパラメータ」は、後から変更することも、パラメータ作成時に設定しておくこともできます。
型番などがあり、形状変更を行わないファミリや、タイプ名で一元管理したいファミリなどは「タイプパラメータ」を、個々にサイズや色などを自由に変更したいファミリは「インスタンスパラメータ」にするのがよいでしょう。

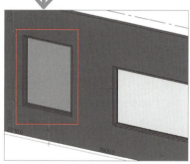

これで「4-12-1 プロパティの違い」は終了です。「**倒し(タイプあり).rfa**」を保存する場合は別名で保存してください。

HINT

[寸法]の[**タイプパラメータ**]と[**インスタンスパラメータ**]の変更は、「インスタンスパラメータへの変更」(P.245)で説明したのと同様の手順で行います。
[**マテリアル**]や[**はい/いいえ**]などのパラメータは次のように変更します。

1. ファミリの[**作成**]タブ→[**プロパティ**]パネル→[**ファミリタイプ**]をクリックする
2. [**ファミリタイプ**]ダイアログボックスが表示されるので、変更したいパラメータ名を選択し❶、[**パラメータを編集**]❷をクリックする
3. [**パラメータプロパティ**]ダイアログボックスが表示されるので、[**タイプ**]と[**インスタンス**]❸のうち設定するほうを選択する

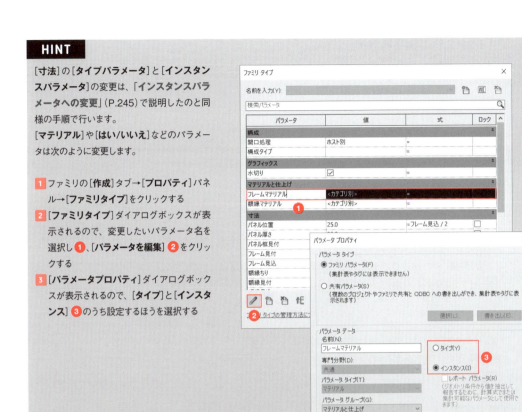

4-12-2 ファミリのタイプ分け

ここで使用するファイル
倒し(タイプあり).rfa

型番によってサイズやマテリアルが既定されている場合などは、任意にパラメータの値が変更できる状態だとトラブルの要因となります。そこでそのようなファミリは、あらかじめサイズやマテリアルごとにタイプを分けて作成しておきます。ここでは、1つの窓(倒しパネル)ファミリの中に、「W600×H300」、「W700×H500」、「W1000×H700」の3つのサイズをタイプとして分けて作成します。

教材データの「**倒し(タイプあり).rfa**」を開き、3Dビューの表示にしてから始めます。

1. 新規プロジェクトを[**建築テンプレート**]をもとに作成する
2. 新規でプロジェクトファイルで、リボンの[**建築**]タブ→[**構築**]パネル→[**壁**]をクリックする

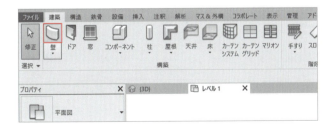

3 [**タイプセレクタ**]で[**標準壁 標準 -150mm**]を選択し、任意の長さの水平な壁を作成する

4 ビューを切り替えるタブで、教材データ「**倒し（タイプあり）.rfa**」に切り替える

5 リボンの[**作成**]タブ→[**プロパティ**]パネル→[**ファミリタイプ**]をクリックする

6 [**ファミリタイプ**]ダイアログボックスが表示されるので[**新しいタイプ**]❶をクリックする

7 [**名前**]ダイアログボックスで[**名前**]に「**W600×H300**」❷と入力し、[**OK**]をクリックする

8 [**ファミリタイプ**]ダイアログボックスに戻り、[**名前を入力**]❸に[**W600×H300**]と表示されていることを確認する。[**幅**]を「**600**」、[**高さ**]を「**300**」に変更して[**適用**]をクリックする

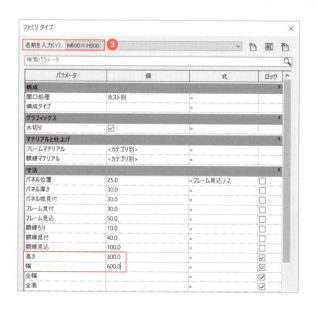

9 [**新しいタイプ**]❹をクリックする。表示される[**名前**]ダイアログボックスで[**名前**]に「**W700×H500**」❺と入力し、[**OK**]をクリックする

10 [**ファミリタイプ**]ダイアログボックスに戻り、[**名前を入力**]に[**W700×H500**]と表示されていることを確認する。[**寸法**]グループの[**幅**]を「**700**」、[**高さ**]を「**500**」に変更し、[**適用**]をクリックする

11 [6]～[7]、[8]～[9]と同様に、「**W1000×H700**」も作成する

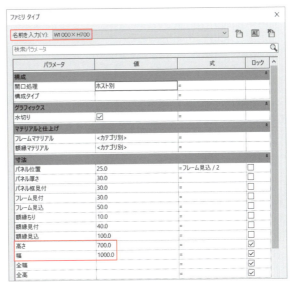

12 [**ファミリタイプ**]ダイアログボックスで、[**名前を入力**]欄をクリックするとタイプを選択できる。タイプを切り替えると、配置している窓のサイズが変更されることを確認したら[**OK**]をクリックする

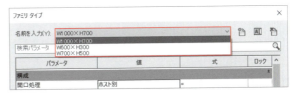

13 リボンの[**ファミリエディタ**]パネル→[**プロジェクトにロード**]をクリックする

14 プロジェクトファイルに戻り、[**タイプセレクタ**]に「**倒し(タイプあり)**」が表示されていることを確認する。[**タイプセレクタ**]をクリックし、「**倒し(タイプあり)**」が3タイプに分かれていることを確認する

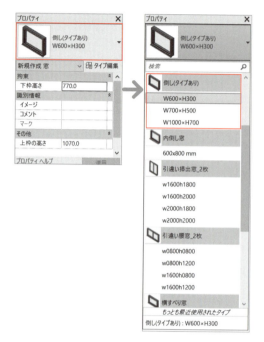

15 それぞれのタイプで、[**プロパティ**]パレットの[**拘束**]グループの[**下枠高さ**]を「**1000**」に変更し、壁に配置して3D表示や2D表示を確認する

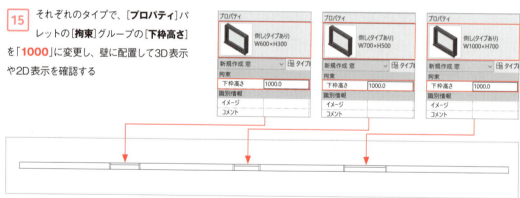

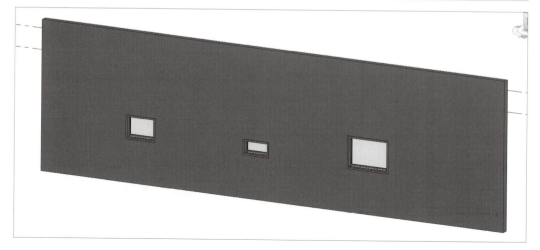

これで「4-12-2 タイプ分け」は終了です。「倒し（タイプあり）.rfa」を保存する場合は別名で保存してください。

> **HINT**
> プロジェクト配置時に、[下枠高さ]の値によっては、2D表示で一番小さいタイプがプロジェクトのビュー範囲から下側に外れてしまい、表示されないことがあります。

4-12-3 タイプカタログを作成

ここで使用するファイル
倒し（タイプカタログ）.rfa

タイプ分けをするとタイプの数だけファミリがロードされることになります。その結果、プロジェクトの容量が増え、タイプセレクタも長くなります。そこで「タイプカタログ」を設定することで、ファミリ挿入時に必要なタイプのみを選択してプロジェクトにロードすることができます。

テキストデータの作成

「**タイプカタログ**」は、テキストデータとして「**.txt**」という拡張子で保存します。ここではWindowsの[**メモ帳**]を使います。

[1] [**メモ帳**]を起動し、1行目にタイプカタログの表見出しを入力する。

見出しは「**,項目名##単位の種類##単位**」が1項目となる。
ここでは[**幅**]、[**高さ**]の2項目を設定する。
[**単位の種類**]は「**length**」、[**単位**]は「**millimeters**」とする。
そこで1行目は図のようになる

,幅##length##millimeters,高さ##length##millimeters

> **HINT**
> [**項目名**]は日本語入力が可能です。[**項目名**]以外は半角で入力します。
> [**幅**]、[**高さ**]などの単位の種類は、[length]、[area]、[volume]、[angle]、[force]、[linear force]のいずれかが入ります。マテリアルはカタログに設定できません。

[2] 2行目以降にタイプを入力する。
各行は[**タイプ名**]、[**幅**]、[**高さ**]の値をカンマで区切り入力する。
例えば2行目は、

600x300,600,300
　タイプ名　幅　高さ

となる。
2行目以降は図のようになる

```
,幅##length##millimeters,高さ##length##millimeters
600x300,600,300
700x500,700,500
1000x700,1000,700
```

600x300,600,300
700x500,700,500
1000x700,1000,700

[3] テキストデータのファイル名は「**倒し（タイプカタログ）.txt**」とし、保存先は「**倒し（タイプカタログ）.rfa**」ファミリと同じフォルダ内に保存する

> **HINT**
> 「タイプカタログ」は、必ず「ファミリと同じファイル名」にし、「同じフォルダ」に保存する必要があります。

タイプカタログを確認

プロジェクトにロードし、タイプカタログが表示されることを確認します。

1 新規プロジェクトを[**建築テンプレート**]をもとに作成する

2 新規プロジェクトファイルで、リボンの[**建築**]タブ→[**構築**]パネル→[**窓**] ❶ をクリックする

3 リボンの[**修正|配置 窓**]タブ→[**モード**]パネル→[**ファミリをロード**] ❷ をクリックする。[**ファミリをロード**]ダイアログボックス ❸ が表示されるので、「**テキストデータの作成**」(P.251)で「**タイプカタログ**」を保存したフォルダ内の「**倒し(タイプカタログ).rfa**」を選択して開く

4 [**タイプの指定**]ダイアログボックスが表示され、作成した3つのタイプが表示されることを確認する。任意のタイプを選択し、[**OK**]をクリックする

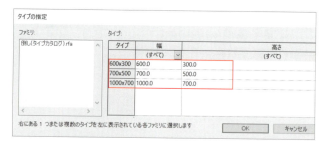

5 [**タイプセレクタ**]に「**倒し(タイプカタログ)**」が表示され、選択したタイプだけがロードされていることを確認する

これでタイプカタログ付きのファミリが完成です。

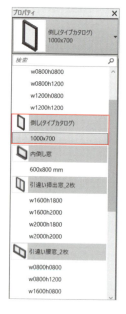

chapter 5

2Dファミリの作成と活用

2Dシンボルのファミリを作成し、このファミリを拾い出して集計表を作成します。1つのファミリに対して複数のタイプを設定し、タイプ別に集計します。

chapter 5-1 2Dファミリを作成して拾い出しする工程

chapter 5では、2Dシンボルのファミリを作成し、このファミリを拾い出して集計表を作成します。1つのファミリに対して複数のタイプを設定し、タイプ別に集計します。ここでは個数表を作成しますが、タイプごとに**価格**や**型番**などのパラメータを追加して集計するなど、応用もできます。

5-1-1 STEP 1 | 2Dシンボルファミリを作成

2Dシンボルのファミリを作成します。図形はAutoCADなどで作成してください。1つの形状に対して、複数のタイプを設定します。
ここでは、コンセントのファミリを作成し、「**エアコン用**」、「**専用アースなし**」、「**専用アース付き**」、「**電子レンジ用**」の4つのタイプを設定します。

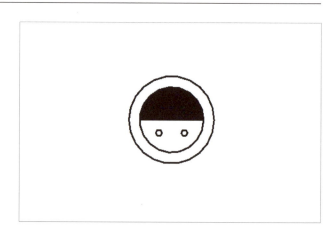

5-1-2 STEP 2 | タグファミリを作成

タグファミリを作成します。タグはファミリが持つ情報を表記する注釈で、ここでは、コンセントの種類を表記するタグを作成します。タイプごとに対応するように設定しておくことで、2Dシンボルに合わせた種類を表示させることができます。

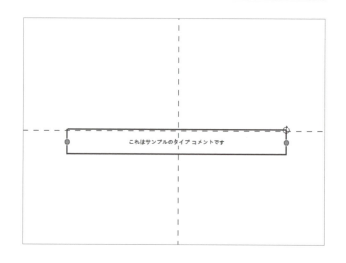

5-1-3　STEP 3 | 作成したファミリとタグの動作をチェック

2Dシンボルとタグファミリをプロジェクトにロードして動作を確認します。

形状は同じですが、タイプごとに対応したラベル（タグ）が表示され、同じファミリのシンボルでも違うタイプであることがわかります。

プロジェクトにロードして配置すると、図のように3Dビューで表示されてしまうので、3Dビューで非表示にする設定をプロジェクトで行います。ここでは、その設定方法も解説します。

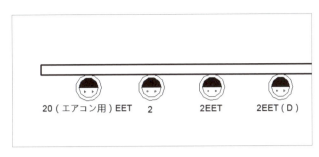

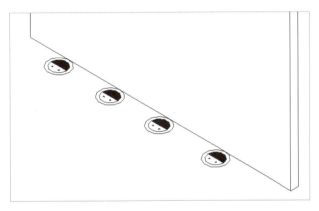

5-1-4　STEP 4 | 集計表を作成

最終的に、タイプごとに個数を集計し、集計表を作成します。パラメータとして価格を設定し、タイプごとに金額を入力しておけば、タイプごとの合計金額の集計も行えます。

<コンセント集計>			
A	B	C	D
コンセント種類	タイプ	注記	個数
コンセント専用	エアコン用	20(エアコン用)EET	1
コンセント専用	専用アースなし	2	1
コンセント専用	専用アース付	2EET	1
コンセント専用	電子レンジ用	2EET(D)	1
			4

chapter 5

2 2Dシンボルファミリを作成

拾い出しに使用するコンセントの2Dシンボルファミリを作成します。シンボルの形状はAutoCADなどで作成してください。

5-2-1 AutoCADで2Dシンボル図形を作成

すでに2D図面で使用しているDWGデータを活用します。ここでは、まずAutoCADなどで下記サイズの2Dシンボル図形を作成してください。

1 AutoCADで図のようなの2Dシンボル図形を作成し、「**コンセント.dwg**」という名称で保存する

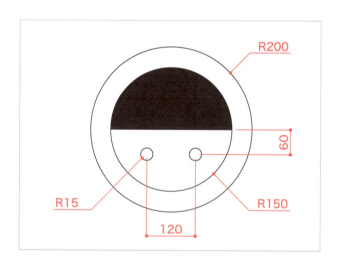

5-2-2 テンプレートを選択

ここからはRevitの操作です。シンボル用のテンプレートは「詳細項目.rft」を選択することも多いですが、ここでは後にタグファミリと1つにまとめ、集計表の作成を行う作業をしたいので、「一般モデル（メートル単位）.rft」を選択して使用します。

1 [**ホーム**]の[**ファミリ**]の[**新規作成**]をクリックする

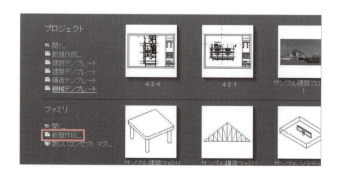

2 [**新しいファミリ - テンプレートファイルを選択**]ダイアログボックスが表示されるので、[**一般モデル(メートル単位).rft**]を選択して[**開く**]をクリックする。新しいファイルが開く

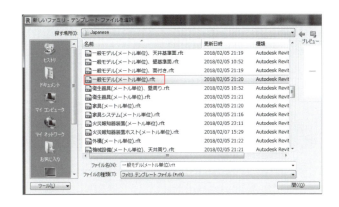

5-2-3 > 2Dシンボル図形を挿入

📄 ここで使用するファイル
コンセント.dwg

AutoCADで作成した2Dシンボル図形の「コンセント.dwg」を読み込みます。

1 [**プロジェクトブラウザ**]の[**平面図**]の[**+**]をクリックして展開し、[**参照レベル**]が選択されていることを確認する。同時に[**参照レベル**]タブが開いていることを確認する

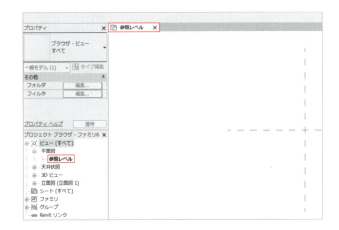

2 リボンの[**挿入**]タブ→[**読込**]パネル→[**CAD読込**]をクリックする

3 [**CAD読込**]ダイアログボックスが表示される。[**探す場所**]を2Dシンボル図形を保存した場所に変更し、「**コンセント.dwg**」❶を選択する
◆ [**カラー**]で「**白黒**」❷を選択する
◆ [**読み込み単位**]で「**ミリメートル**」❸を選択する
◆ [**配置**]で「**手動-中心**」❹を選択する
設定したら[**開く**]をクリックする

| 4 | 任意の位置をクリックして2Dシンボル図形を配置する |

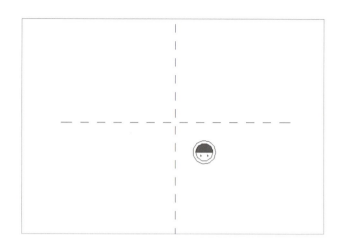

| 5 | 2Dシンボル図形を基準位置に移動する。挿入した2Dシンボル図形を選択し、[**修正|ファミリへの読み込み**]タブ→[**修正**]パネル→[**移動**]をクリックする |

| 6 | 上部四半円点の位置を基点とし、参照面の交点に移動する |

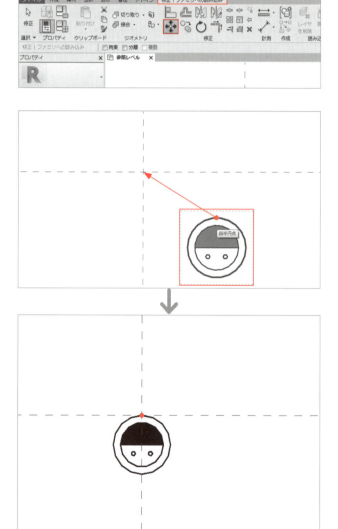

5-2-4 パラメータを確認

コンセントの種類の情報を追加するため、パラメータを確認します。

[1] リボンの[**作成**]タブ→[**プロパティ**]パネル→[**ファミリタイプ**]をクリックする

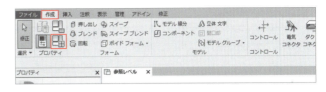

[2] [**ファミリタイプ**]ダイアログボックスが表示される。[**コメント(タイプ)**] ❶ というパラメータがあることを確認する

[3] パラメータの順序を変更する。[**コメント(タイプ)**]のパラメータを選択し、[**パラメータを上に移動**] ❷ を4回クリックして、図のように最上部に移動する。[**OK**]をクリックする

HINT
[識別情報]のパラメータが表示されていない場合は、[識別情報]をクリックしてください。

5-2-5 タイプを設定

コンセントのタイプを設定し、[コメント(タイプ)]のパラメータに情報を入力します。

[1] リボンの[**作成**]タブ→[**プロパティ**]パネル→[**ファミリタイプ**]をクリックする

[2] [**ファミリタイプ**]ダイアログボックスが表示される。[**新しいタイプ**] ❶ をクリックする

3 [名前]ダイアログボックスが表示される。[名前]に「**エアコン用**」と入力し、[**OK**]をクリックする

4 [**ファミリタイプ**]ダイアログボックスに戻る。[**コメント(タイプ)**]の[**値**]欄に「**20(エアコン用) EET**」と入力し、[**適用**]をクリックする

5 2～4と同様に、[**ファミリタイプ**]ダイアログボックスで[**新しいタイプ**]をクリックし、[**名前**]に「**専用アースなし**」と入力してタイプを作成する。[**コメント(タイプ)**]の[**値**]欄に「**2**」と入力して、[**適用**]をクリックする

6 2～4と同様に、[**ファミリタイプ**]ダイアログボックスで[**新しいタイプ**]をクリックし、[**名前**]に「**専用アース付**」と入力してタイプを作成する。[**コメント(タイプ)**]の[**値**]欄に「**2EET**」と入力して、[**適用**]をクリックする

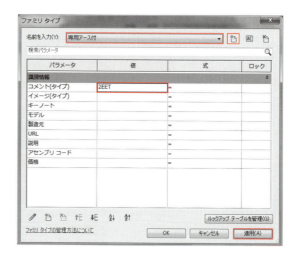

7 2～4 と同様に、[**ファミリタイプ**]ダイアログボックスで[**新しいタイプ**]をクリックし、[**名前**]に「**電子レンジ用**」と入力してタイプを作成する。[**コメント(タイプ)**]の[**値**]欄に「**2EET（D）**」と入力して、[**適用**]をクリックし、[**OK**]をクリックする

5-2-6 ファミリカテゴリを変更

カテゴリを設定することで、プロジェクトにロードした際に適切な場所に保管され、[プロジェクトブラウザ]での確認がしやすくなります。また、カテゴリを正しく設定することで、そのカテゴリに応じたパラメータが与えられます。ここでは「電気器具」のカテゴリに変更します。

1 リボンの[**作成**]タブ→[**プロパティ**]パネル→[**ファミリカテゴリとパラメータ**]をクリックする

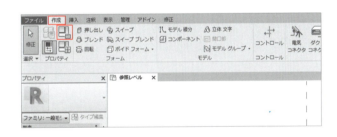

2 [**ファミリカテゴリとパラメータ**]ダイアログボックスが表示される。[**ファミリカテゴリ**]の一覧で[**電気器具**]を選択し、[**OK**]をクリックする

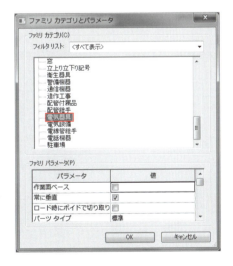

5-2-7 表示設定を変更

2Dシンボルは平面図のみに表示するので、表示設定を変更します。

1 2Dシンボル図形を選択し、リボンの[**修正|ファミリへの読み込み**]タブ→[**読み込みインスタンス**]パネル→[**表示設定**]をクリックする

2 [**ファミリ要素の表示設定**]ダイアログボックスが表示される。[**前/後**]と[**左/右**]のチェックを外し、[**OK**]をクリックする

HINT

ここでは、タグや集計表の機能を解説するため、ファミリテンプレート「一般モデル.rft」で作成しています。このため、3Dビューで2Dシンボル図形が表示されてしまいます。3Dビューで非表示にする場合は、挿入したプロジェクトで、フィルタなどの機能を使います。フィルタについては、P.272～で解説します。
ちなみにファミリテンプレートを「詳細項目.rft」で作成すると、3Dビューでは表示されません。

5-2-8 サムネイルビューを設定して保存

サムネイルビューを設定してから、「コンセント専用」という名前で保存します。

1 [**プロジェクトブラウザ**]で[**3Dビュー**]の[**ビュー1**]をダブルクリックする

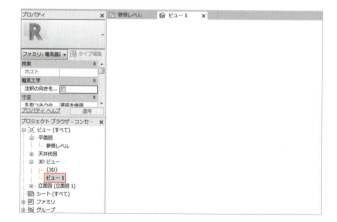

2 [ビューキューブ]で視点を[上]にする

HINT

[ビューキューブ]にカーソルを重ねると、現在の視点がわかります。[前]になっている場合は、[ビューキューブ]の上側に表示される▽をクリックすると[上]になります。

3 リボンの[ファイル]タブ→[名前を付けて保存]→[ファミリ]をクリックする

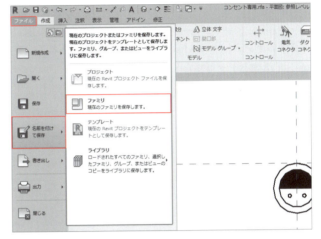

4 [名前を付けて保存]ダイアログボックスが表示される。[ファイル名]に「コンセント専用」❶と入力し、[オプション]❷をクリックする

5 [ファイルの保存オプション]ダイアログボックスが表示されるので、次のように設定し、[OK]をクリックする。
◆[サムネイルプレビュー]の[ソース]から[3Dビュー：ビュー1]❸を選択
◆[ビュー/シートが最新でない場合は再生成]❹にチェックを入れる

[名前を付けて保存]ダイアログボックスに戻り、[保存先]を指定し、[保存]をクリックする

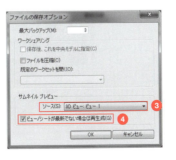

これで「5-2 2Dシンボルファミリを作成」が終了です。

chapter 5

3 タグファミリを作成

タグとは、ファミリが持つ情報を表記する注釈のことです。**必要に応じてタグファミリを作成することにより、さまざまな注釈を自動的に記入できます。**ここでは、コンセントの種類を注釈として表記するタグを作成します。

5-3-1 テンプレートを選択

タグ用のテンプレートは「注釈」フォルダに保存されています。ここでは、「電気設備タグ(メートル単位).rft」を選択して使用します。

1 リボンの[**ファイル**]タグ→[**新規作成**]→[**ファミリ**]をクリックする

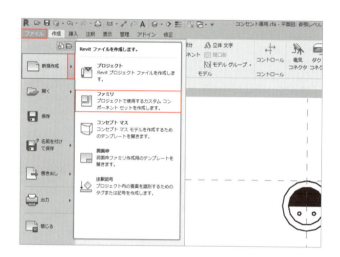

2 [**新しいファミリ-テンプレートファイルを選択**]ダイアログボックスの[**探す場所**]で[**注釈**]フォルダを選択する。テンプレートとして「**電気設備タグ(メートル単位).rft**」を選択し、[**開く**]をクリックする。新しいファイルが開く

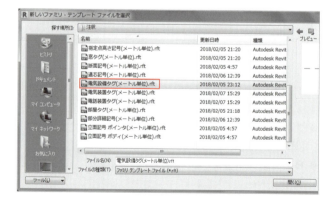

5-3-2 ラベルを作成

「コンセント専用」ファミリに、設定した文字のパラメータが注釈として表記できるように、ラベルを作成します。

1. リボンの[**作成**]タブ→[**文字**]パネル→[**ラベル**]をクリックする

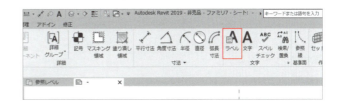

2. ラベルを配置する位置として任意の位置をクリックする

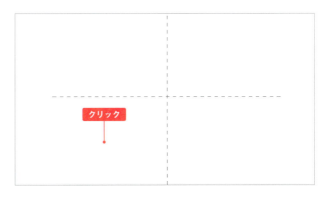

3. [**ラベルを編集**]ダイアログボックスが表示される。[**使用可能なフィールドの選択元**]から[**コメント(タイプ)**] ① を選択し、[**ラベルにパラメータを追加**] ② をクリックして[**OK**]をクリックする。ラベルが作成される

4. ラベルの文字サイズを調整する。リボンの[**修正**]で作成したラベルを選択する。[**プロパティ**]パレットの[**タイプ編集**]をクリックする

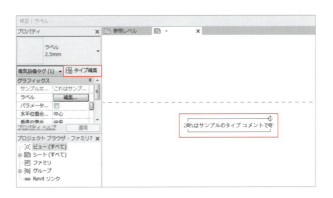

5 [**タイププロパティ**]ダイアログボックスが表示される。文字サイズ1mmのタイプを作成するので、[**複製**]をクリックする

6 [**名前**]ダイアログボックスが表示される。[**名前**]に「**1mm**」と入力し、[**OK**]をクリックする

7 [**タイププロパティ**]ダイアログボックスに戻り、[**文字サイズ**]の[**値**]欄に「**1**」と入力し、[**OK**]をクリックする

8 作成したラベルをドラッグし、図の位置あたりに移動する

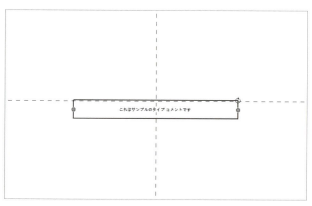

5-3-3 ファミリカテゴリを変更

タグファミリのカテゴリを「電気器具」に変更します。

1 リボンの[**作成**]タブ→[**プロパティ**]パネル→[**ファミリカテゴリとパラメータ**]をクリックする

2 [**ファミリカテゴリとパラメータ**]ダイアログボックスが表示される。[**ファミリカテゴリ**]の一覧で[**電気器具タグ**]を選択し、[**OK**]をクリックする

これで「5-3 タグファミリを作成」が終了です。作成したデータは、[**ファイル**]→[**名前を付けて保存**]→[**ファミリ**]を選択して「**コンセントタグ.rfa**」として保存します。

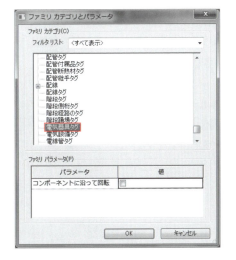

4 作成したファミリとタグの動作チェック

chapter 5

作成した「コンセント専用」ファミリと「コンセントタグ」ファミリをプロジェクトにロードして確認します。

5-4-1 プロジェクトに壁を作成

ここで使用するファイル
コンセント専用.rfa

作成した2つのファミリをプロジェクトにロードして確認してみましょう。まず先に作成した「コンセント専用」ファミリを開いてから始めてください。

1 まず「**コンセント専用.rfa**」ファミリを開いてから、リボンの[**ファイル**]タブ→[**新規作成**]→[**プロジェクト**]をクリックする

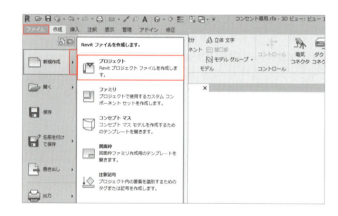

2 [**プロジェクトの新規作成**]ダイアログボックスの[**テンプレートファイル**]で[**建築テンプレート**]を選択し、[**OK**]をクリックする

3 [**プロジェクトブラウザ**]の[**平面図**]の[**+**]をクリックして展開し、[**レベル1**]が選択されていることを確認する。同時に[**レベル1**]タブが開いていることを確認する

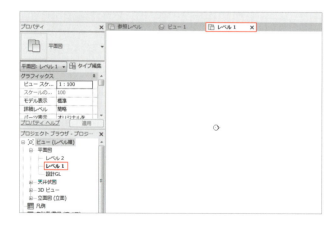

4 壁を作成する。リボンの[**建築**]タブ→[**構築**]パネル→[**壁**]をクリックする

5 任意のサイズで壁を作成する

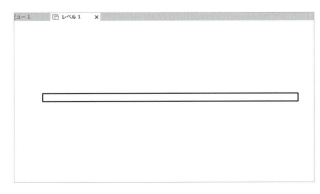

5-4-2 「コンセント専用」ファミリをロード

「コンセント専用」ファミリをロードし、壁に配置します。

1 ビューを切り替えるタブで、「**コンセント専用.rfa**」ファミリの[**ビュー1**]を選択する

2 リボンの[**ファミリエディタ**]パネル→[**プロジェクトにロード**]をクリックする

3 「**コンセント専用.rfa**」ファミリがプロジェクトにロードされる。[**プロパティ**]パレットの[**タイプセレクタ**]が[**コンセント専用 エアコン用**]となっていることを確認する

HINT
[**プロジェクトにロード**]ダイアログボックスが表示されたら、[**プロジェクト○**]（○は数字）にチェックを入れて[**OK**]をクリックします。

| 4 | 壁に吸着することを確認し、壁に沿った任意の位置でクリックして配置する |

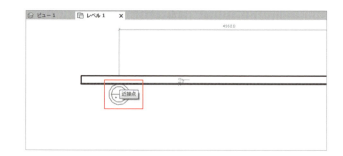

| 5 | 続けて、その他のタイプの「**コンセント専用**」ファミリを配置する。[**プロパティ**]パレットの[**タイプセレクタ**]で[**コンセント専用 専用アースなし**]を選択する |

| 6 | 壁に吸着することを確認し、壁に沿った任意の位置でクリックして配置する |

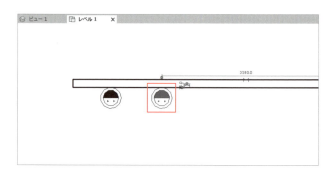

| 7 | [**プロパティ**]パレットの[**タイプセレクタ**]で[**コンセント専用 専用アース付**]を選択する |

| 8 | 壁に吸着することを確認し、壁に沿った任意の位置でクリックして配置する |

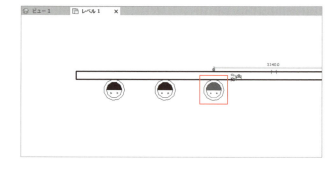

| 9 | [**プロパティ**]パレットの[**タイプセレクタ**]で[**コンセント専用 電子レンジ用**]を選択する |

| 10 | 壁に吸着することを確認して、クリックして配置する |

5-4-3 「コンセントタグ」ファミリをロード

ここで使用するファイル
コンセントタグ.rfa

「コンセントタグ」ファミリをプロジェクトにロードし、「コンセント専用」ファミリに注記が付くことを確認します。

| 1 | 「**コンセントタグ.rfa**」ファミリを開く。すでに開いている場合は、ビューを切り替えるタブで「**コンセントタグ.rfa**」ファミリの[-]を選択する |

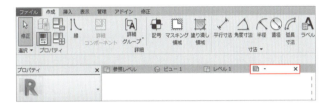

| 2 | リボンの[**ファミリエディタ**]パネル→[**プロジェクトにロード**]をクリックする |

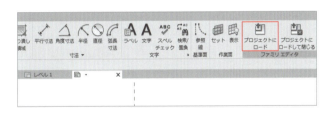

| 3 | [**プロジェクトにロード**]ダイアログボックスが表示される。[プロジェクト○](○は数字)にチェックが付いていることを確認し、[**OK**]をクリックする |

| 4 | リボンの[**注釈**]タブ→[**タグ**]パネル→[**すべてのタグなし要素にタグを付ける**]をクリックする |

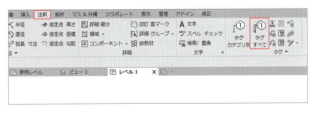

|5| [**すべてのタグなし要素にタグを付ける**]ダイアログボックスが表示される。[**電気器具タグ**]にチェックを入れ、[**OK**]をクリックする

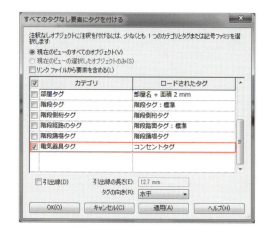

|6| 各コンセントに注記が表示されたことを確認する

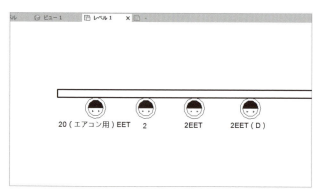

5-4-4 　3Dビューでの表示を制御

3Dビューでコンセントファミリを非表示にしたい場合は、プロジェクト側で設定します。ここでは、フィルタを作成して3Dビューに適用する方法で非表示にします。

|1| [**クイックアクセスツールバー**]の[**既定の3Dビュー**]をクリックする。3Dビューに2Dシンボル図形が表示されていることを確認する

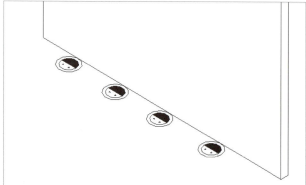

2 リボンの[**表示**]タブ→[**グラフィックス**]パネル→[**フィルタ**]をクリックする

3 [**フィルタ**]ダイアログボックスが表示される。[**新規作成**]をクリックする

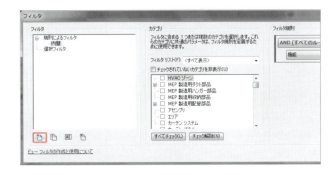

4 [**フィルタ名**]ダイアログボックスが表示される。[**名前**]に「**コンセント表示**」と入力し、[**OK**]をクリックする

5 [**フィルタ**]ダイアログボックスに戻り、[**カテゴリ**]で[**電気器具**]にチェックを入れる

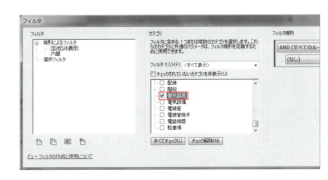

6 [**フィルタ**]ダイアログボックスの[**フィルタ規則**]で「**ファミリ名**」、「**等しい**」、「**コンセント専用**」を選択し、[**OK**]をクリックする

7 リボンの[**表示**]タブ→[**グラフィックス**]パネル→[**表示/グラフィックス**]をクリックする

8　[**表示/グラフィックスの上書き**]ダイアログボックスが表示される。[**フィルタ**]タブ❶を選択し、[**追加**]❷をクリックする

9　[**フィルタを追加**]ダイアログボックスが表示される。[**コンセント表示**]を選択し、[**OK**]をクリックする

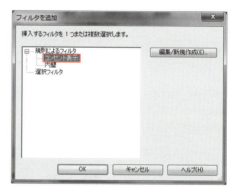

10　[**表示/グラフィックスの上書き**]ダイアログボックスに戻り、表に[**コンセントを表示**]が追加されていることを確認する。[**表示**]のチェックを外し、[**OK**]をクリックする

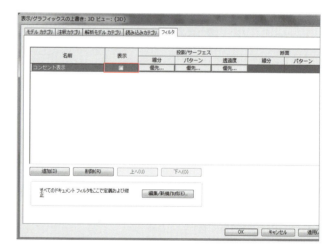

11　3Dビューで「**コンセント専用**」ファミリの2Dシンボル図形が非表示になる

これで「5-4 **作成したファミリとタグの動作をチェック**」が終了です。作成したデータは、続けて「5-5 **集計表を作成**」で使用します。ここまでの完成ファイルを「**5-4.rvt**」として教材データに用意しています。

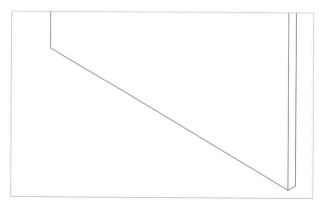

5 集計表を作成

配置した「コンセント専用」ファミリの個数を集計し、集計表を作成します。ここで作成するのは個数の集計表ですが、ファミリに価格やメーカーなどのパラメータを追加すると、それらも集計表に反映できます。

5-5-1 コンセントファミリの拾い出し

ここで使用するファイル
5-4.rvt

「コンセント専用」ファミリの拾い出しを行って、集計表を作成します。前節「**5-4 作成したファミリとタグの動作をチェック**」で作成したプロジェクトをそのまま使用します。

1 リボンの[**表示**]タブ→[**作成**]パネル→[**集計**]をクリックし、[**集計表/数量**]をクリックする

2 [**新しい集計表**]ダイアログボックスが表示される。[**カテゴリ**]で[**電気器具**]を選択し、[**名前**]に「**コンセント集計**」と入力して[**OK**]をクリックする

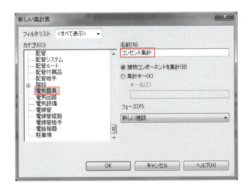

3 [**集計表プロパティ**]ダイアログボックスが表示される。[**フィールド**]タブ ❶ が選択されていることを確認し、[**使用可能なフィールド**] ❷ で[**ファミリ**]を選択して[**パラメータを追加**] ❸ をクリックする。[**使用予定のフィールド**]に[**ファミリ**] ❹ が追加される

> **HINT**
> [**パラメータを追加**]をクリックすると、[**使用可能なフィールド**]で選択されている項目が[**使用予定のフィールド**]に移動します。

4　[**使用可能なフィールド**] ❺ で [**タイプ**]、[**コメント(タイプ)**]、[**個数**]をそれぞれ選択し、[**パラメータを追加**] ❻ をクリックして [**使用予定のフィールド**] ❼ に追加する

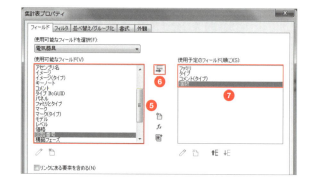

5　[**並べ替え/グループ化**] タブ ❽ を選択し、[**並べ替え方法**]で[**ファミリ**] ❾ を選択する。[**合計**]にチェックを入れ、[**合計のみ**] ❿ を選択する

6　[**書式**] ⓫ タブを選択し、下記のように設定して[**OK**]をクリックする。
◆ [**フィールド**] ⓬ で[**ファミリ**]を選択し、[**見出し**] ⓭ に「**コンセント種類**」と入力する
◆ [**フィールド**] ⓬ で[**コメント(タイプ)**]を選択し、[**見出し**] ⓭ に「**注記**」と入力 する
◆ [**フィールド**] ⓬ で[**個数**]を選択し、[**位置合わせ**]で[**右**] ⓮ を選択する
◆ [**合計を計算**] ⓯ を選択する

これで集計表が完成しました。作成したデータは、必要に応じて保存してください。
ここまでの完成ファイルを「**5-5.rvt**」として教材データに用意しています。

\<コンセント 集計\>			
A	B	C	D
コンセント種類	タイプ	注記	個数
コンセント専用	エアコン用	20(エアコン用)EET	1
コンセント専用	専用アースなし	2	1
コンセント専用	専用アース付	2EET	1
コンセント専用	電子レンジ用	2EET(D)	1
			4

INDEX

※色の付いた項目は、リボンのコマンド・ツールです。

数字

2Dシンボル図形を挿入	257
2Dシンボルファミリを作成	256
2D(断面図)での表示を設定	161
2Dデータ(平面図)を挿入	033
2Dデータ(立面図)を挿入	034
2Dデータを読み込む	033
2Dでの引き違い表記の追加	198
2D表示を作成	232
2D(平面図)での表示を設定	154
2つの要素を選択する	154
3D形状を立面だけで表示	154
3Dデータの表示をコントロール	032
3Dデータを配置	030
3Dデータを読み込む	030
3Dビューでの表示を制御	272

英字

[CAD読込]	030, 033
[CAD読込]ダイアログボックス	031
COM-ET	028
DXFデータをダウンロード	028
[EQ]マーク	055
FAX質問シート	279
FIX記号を作成	168
FIXパネルを作成	168
FIXパネルを窓ファミリにロード	203
FIXパネルをロード	203
Revit 2019の動作環境	009
Revitについて	009
Revitの体験版	009

あ行

[新しいタイプ]	248, 259
[位置合わせ]	062, 075, 156, 158, 171
[一時的に非表示/選択表示]	036
[移動]	031, 034
インスタンス	056
[インスタンスパラメータ]	083, 246
インスタンスパラメータ	082, 083, 246, 247
インスタンスパラメータへの変更	245
インプレスファミリ	017
[ウィンドウを切り替え]	079, 235
奥行きの寸法を作成	057
奥行きのパラメータを設定	057
[押し出し]	059, 068, 075, 147, 151
[オブジェクトスタイル]	179, 241
[オブジェクトスタイル]ダイアログボックス	130, 132, 179, 241, 242

か行

確認用プロジェクトを作成	234
額縁とフレームの表示設定	232
額縁の形状を作成	110
重なっている要素から対象を切り替え	105
カテゴリ	018
框の見付	146
框見付パラメータを設定	196
框を作成	147
ガラスを作成	151
[完全に展開]	037
簡略表示を作成	237
基準点を定義	066
基準要素	013
基本的なファミリの作成手順	021
基本パネルを作成	139

教材データの収録内容	010
教材データのダウンロード方法	010
強参照	067, 080, 095
均等テキストラベル(EQ)	054
[グラフィックス表示オプション]ダイアログボックス	046
[グループを作成]	199
形状だけのファミリを作成する工程	026
個別にサイズ変更	244
コンセントファミリの拾い出し	275
[コンポーネント]	082
コンポーネント	013

さ行

[作業面]ダイアログボックス	068, 075, 169
[サブカテゴリ]	037
サブカテゴリ	037, 094, 129
サブカテゴリ優先に戻す	137
サブカテゴリを確認	128
[サブカテゴリを新規作成]ダイアログボックス	130
サブカテゴリを設定	129
サブカテゴリを変更	037
サムネイルビューを設定して保存	262
参照の優先度を定義	067
[参照面]	054, 103
参照面	053
参照面に名前を付ける	065
参照面にパラメータを作成	105
参照面の名前	095
参照面を作成	053, 103
参照レベル	053
システムファミリ	017
弱参照	067, 095
[集計表/数量]	275
[集計表プロパティ]ダイアログボックス	275
集計表を作成	275
[修正]	055
[詳細レベル]	097, 166, 235, 236
正面図を読み込む	034
新規ファミリを作成	028, 052, 139
[シンボル線分]	155, 157, 159, 161, 163, 164
シンボル線分	038
シンボル線分のサブカテゴリを作成	179
シンボル線分の特徴	097
[スイープ]	110, 119
[すべてのタグなし要素にタグを付ける]	271
寸法パラメータ設定	094
[セット]	068, 074, 169
[線種パターン]	242
[線種を変換]	038
選択対象	036, 160
[線の太さ]	241
[線の太さ]ダイアログボックス	242
挿入基点	095

た行

タイプ	056
タイプカタログを確認	252
タイプカタログを作成	243, 251
[タイプセレクタ]	082, 220, 234, 248, 250, 252
[タイプの指定]ダイアログボックス	252
タイププロパティ	082, 246, 247
タイプパラメータとインスタンスパラメータの違い	082
[タイププロパティ]ダイアログボックス	244, 266
タイププロパティを確認	243
[タイプ編集]	080, 082, 167, 189, 244

タイプ分け	243
タイプを設定	259
倒しパネルを作成	178
倒し表現を作成	180
タグファミリを作成	264
[断面]	236
断面図(框)を作成	164
断面図での簡略表示を作成	236
テンプレートを選択	029, 052, 102, 256
ドラッグで幅を変更	081

な行

[名前を付けて保存]	047, 077
[名前を付けて保存]ダイアログボックス	047
入力した式	197

は行

パネル厚さとフレーム見込	219
パネル入れ替えパラメータを割り当て	215
パネルをネスト	188
幅・高さパラメータを関連付け	204
幅のパラメータを設定	056
パラメータ	018
[パラメータグループ]	215
パラメータ設定できる棚ファミリを作成する工程	050
パラメータどうしを関連付ける式を入力	187
パラメータの関連付け	189, 209
パラメータの追加	020
パラメータの動作確認	109, 114
パラメータの動作を確認	058, 064, 080
[パラメータプロパティ]ダイアログボックス	087, 134, 173, 214
[パラメータを上に移動]	259
パラメータを変えて動作を確認	072
パラメータを確認	259
[パラメータを作成]	056, 057, 063, 106
パラメータを作成して関連付け	206
パラメータを設定できる窓ファミリを作成する工程	092
パラメータを変更して動作確認	239
引き違い記号を作成	198
引き違いと倒しパネルを窓ファミリにロード	214
引き違いパネルを作成	183
非表示／表示パラメータを作成	173
[ビューキューブ]	045, 121
[ビューコントロールバー]	036, 040, 046, 114, 166, 235, 236
ビュー要素	014
[表示／グラフィックス]	273
[表示スタイル]	040, 046, 114
[表示設定]	032, 154, 155, 158, 160, 162, 164, 165
表示設定を確認	165
表示／非表示のパラメータを作成	227
標準ファミリ	017
標準ファミリの作成手順	021
標準ファミリを作成	019
[ファイルの保存オプション]ダイアログボックス	047, 263
ファイルを保存	077
ファミリエディタ	020
[ファミリカテゴリとパラメータ]	139, 184, 261
ファミリカテゴリを変更	261, 267
ファミリ作成時の注意点	094
[ファミリタイプ]	058, 064, 088, 109, 135, 248
[ファミリタイプ]ダイアログボックス	059, 187, 197, 248, 259
ファミリテンプレートの種類	019
ファミリとタグの動作チェック	268
ファミリとは	016
ファミリの種類	017
ファミリの新規作成	019
ファミリのタイプ分け	247
ファミリの編集	019
[ファミリパラメータの関連付け]	190, 195
[ファミリパラメータの関連付け]ダイアログボックス	087, 134
[ファミリ要素の表示設定]ダイアログボックス	032, 155, 156, 158
[フィルタ]	273
不要なデータを削除	044
不要なマテリアルを削除	045
フレームを作成	119
プレビューを作成	045
プロジェクト側での設定	241
プロジェクトとファミリの関係	014
プロジェクトに窓をロード	235
[プロジェクトにロード]	048, 088, 166, 235
プロジェクトにロード	079
プロジェクトにロードして確認	048
プロジェクトの構成	012
プロジェクトの要素	012
プロジェクトブラウザ	030
プロパティ	018
プロパティの違い	243
[基準点を設定]	066
[平行寸法]	054, 057, 070, 105
平面図(框)を作成	159
平面図での簡略表示を作成	233
平面図のサブカテゴリを変更	036
平面図を分解(展開)	036
平面図を読み込む	033
平面表現(ガラス)を作成	155
平面表現の召し合わせのラインを作成	201
ホスト	013
本書で使用する表記	008

ま行

[マスキング領域]	233, 237
[マテリアル]	041, 045, 084, 131
マテリアルパラメータ	094
マテリアルパラメータを作成	134
マテリアルパラメータを設定	087
[マテリアルブラウザ]ダイアログボックス	041, 084, 090, 131, 135
マテリアルを確認	040
マテリアルを作成	084
マテリアルを設定	040, 084, 085, 132
窓の額縁・フレームを作成	102
右側面図を読み込む	035
[未使用の項目を削除]	044
水切り形状を作成	223
水切りの取付位置	225
水切りを作成	220
文字位置を中心にロック	170
モデルグループ	199
モデル線分	038
モデル線分からシンボル線分に変換	038
モデル要素	013

や行

有効開口高さ位置を変更	124
有効開口幅位置を変更	122

ら行

[ラベル]	265
ラベルを作成	265
[ラベルを編集]ダイアログボックス	265
[立体文字]	169
立体文字を作成	169
領域選択	037
[レンダリングの外観を使用]	085

送付先FAX番号 ▶ 03-3403-0582　　メールアドレス ▶ info@xknowledge.co.jp
インターネットからのお問合せ ▶ http://xknowledge-books.jp/support/toiawase

FAX質問シート

BIMをもっと活用したい人のための Autodesk Revit ファミリ入門

以下を必ずお読みになり、ご了承いただいた場合のみご質問をお送りください。
- 「本書の手順通り操作したが記載されているような結果にならない」といった本書記事に直接関係のある質問にのみご回答いたします。「このようなことがしたい」「このようなときはどうすればよいか」など特定のユーザー向けの操作方法や問題解決方法については受け付けておりません。
- 本質問シートでFAXまたはメールにてお送りいただいた質問のみ受け付けております。お電話による質問はお受けできません。
- 本質問シートはコピーしてお使いください。また、必要事項に記入漏れがある場合はご回答できない場合がございます。
- メールの場合は、書名と本シートの項目を必ずご記入のうえ、送信してください。
- ご質問の内容によってはご回答できない場合や日数を要する場合がございます。
- パソコンやOSそのもの、ご使用の機器や環境についての操作方法・トラブルなどの質問は受け付けておりません。

ふりがな

氏名　　　　　　　　　　　　　　年齢　　　　歳　　　性別　男 ・ 女

回答送付先 (FAXまたはメールのいずれかに○印を付け、FAX番号またはメールアドレスをご記入ください)

　　FAX　・　メール

※送付先ははっきりとわかりやすくご記入ください。判読できない場合はご回答いたしかねます。　　※電話による回答はいたしておりません

ご質問の内容 (本書記事のページおよび具体的なご質問の内容)
※例) 2-1-3の手順4までは操作できるが、手順5の結果が別紙画面のようになって解決しない。

【本書　　　　　ページ　〜　　　　　ページ】

ご使用のWindowsのバージョン　※該当するものに○印を付けてください

　　　　　10　　　8.1　　　8　　　7　　　その他(　　　　　　　　　)

ご使用のRevitのバージョン　※レギュラー版かLT版かの別も記載してください。　例) Revit 2019

(　　　　　　　　　　　　　)

著者紹介

小林 美砂子（こばやし みさこ）
BIMプランニング株式会社　代表取締役

建築設計事務所に所属し、社内および社外にてCADインストラクター、施工図作成、図面トレースなどを行っていたなか、2005年にRevitを導入。2013年にBIMプランニング株式会社を設立。現在はBIMプランナーとしてBIMソフトの導入支援、インストラクター、モデル作成補助などを行っている。

中川 まゆ（なかがわ まゆ）
有限会社アミューズワークス　代表取締役

2000年に有限会社アミューズワークスを設立。企業へのCAD導入支援や外構設計を行う傍ら、CADインストラクターとして活動。2005年にRevitを導入。現在はBIM導入支援やBIMデータからの図面作成、ハウスメーカーでの業務請負、その他3D関連のデータ作成を行っている。

内田 公平（うちだ こうへい）
株式会社鴻池組

1991年鴻池組入社。2004年にAutodesk Revitを導入。ICT推進課に所属し、BIMとさまざまなICT技術とを組み合わせ、設計や、施工現場での活用を推進している。

BIMをもっと活用したい人のための
Autodesk Revit ファミリ入門

2019年3月30日　初版第1刷発行
2023年5月 9日　第2刷発行

著　者　……………　小林美砂子・中川まゆ・内田公平
発行者　……………　澤井聖一
発行所　……………　株式会社エクスナレッジ
　　　　　　　　　　〒106-0032
　　　　　　　　　　東京都港区六本木7-2-26
　　　　　　　　　　https://www.xknowledge.co.jp

問合せ先
編集　前ページのFAX質問シートを参照してください
販売　TEL 03-3403-1321／FAX 03-3403-1829／
　　　info@xknowledge.co.jp

無断転載の禁止
本誌掲載記事（本文、図表、イラスト等）を当社および著作権者の承諾なしに無断で転載（翻訳、複写、データベースへの入力、インターネットでの掲載等）することを禁じます。

©2019 Misako Kobayashi, Mayu Nakagawa, Kohei Uchida